BUSINESS MODEL

30ポイントで身につく！

「ビジネスモデル思考」の技術

野口吉昭 監修　HRインスティテュート 著

☆☆☆☆☆

PHP

はじめに

インターネットビジネスの登場した一九九〇年代半ば以降、「ビジネスモデル」という言葉が頻繁に使われるようになりました。その先駆けとなったのは、言うまでもなく、パソコンの新しい提供モデルを創り上げた「デル・モデル」でした。同社は一九八四年、当時テキサス大学の学生だったマイケル・デル氏が創業し、パソコン直販モデルが注目を集め、一時代を築きました。

しかし、そのデルが今、大きな変革の岐路に立たされています。一世を風靡《ふうび》した企業でさえも、今や株式市場から低い評価を受け、株式非公開を正式に発表したのは記憶に新しいことでしょう。かつての強みであった「デル・モデル」は、あらゆる競合にまねをされ、コモディティ化し、さらにパソコンからタブレットやスマートフォンなどの非パソコン化への移行の遅れにより、明らかに光を失ってしまいました。

しかしながら、彼らは株式非公開をきっかけにベンチャースピリットを再び熱くし、また新しいモデルを創るべく、イノベーション創造に大きく舵を切っています。市場からは賛否両論あるものの、この変革への意思決定の速さは一目を置くべきではないでしょうか。

一方で、日本の企業はどうでしょう。体質改革のために、これだけドラスティックにメスを入れられるでしょうか。後戻りできない状況を招くまで、過去の延長線上から脱却できずに、これまでの枠組みや勝ち方を引きずってしまう思考に陥ってしまってはいないか、と危惧しています。

勝者が定期的に置き換わるのは、自然の摂理なのかもしれません。

であるならば、不確実性が高く、市場構造の大前提が大きく変化している現在では、かつて身を置いた市場ルールの中での勝ち方を探りつつも、市場で勝てる構造（ルール）自体を自らの手で創り上げるという、大胆な思考の変革が必要です。

市場構造は自然に発生するわけではなく、人のチカラによって創られていくのです。本書は、「学術」ではなく、より「実務」に活かせるように執筆しています。ビジネスモデル思考とは、「儲けの構造を変革する思考」です。本書を手に取った皆さんの一人でも多くの方が、既存の枠組みを超えて、新しい枠組みを創り出し、市場と顧客が「熱狂する価値」を生み出す、「勝てる構造」の創造者になってほしいと願っています。

最後に、今回も粘り強く本書の執筆を支えてくださったPHP研究所書籍第一部の池口祥司さんに心より感謝を申し上げたいと思います。本当にありがとうございました。

平成二十五年四月　HRインスティテュート一同より心を込めて。

本書執筆リーダー　狩野尚史

目次

30ポイントで身につく！「ビジネスモデル思考」の技術

Point 1
事実と解釈の違いを意識しよう！

Point 2
ビジネス構造をシンプルに整理してみよう！

Point 15

第三の目で眺めて、何が不足しているのか、何が多すぎるのか、シナジーを生み出せる何かを補完すべきか見極めよう！

Ⅲ バリューチェーンとコンセプト

Point 16

お客様の課題を解決する、という視点を持とう！

Ⅳ ビジネスモデルを動かす

装幀◆齋藤　稔

I

ビジネスモデル思考とは？

1 「三方良し」でなければ勝ち続けられない

1 そもそもビジネスモデルとは何か?

■儲けがなければ、何もできない

なぜ今、ビジネスモデル思考が必要なのでしょうか?

ビジネスの本質は、「社会、市場、顧客に価値を届けるためのシナリオを描き、継続的に社会と市場と顧客の成長を助け、自社としても成長し続けていけるだけの『儲け』を出し、それをまた社会全体に還元していく」というサイクル活動になります。

誤解をおそれずにいえば、儲けが出なければ、社会貢献もできませんし、市場価値も顧客価値すらも提供できません。つまり世の中に何も還元できないのです。

商売がうまく、江戸初期以来、伊勢出身の商人とともに成功者を多く出した近江商人。彼らの心得に、**「三方良し」**という考えがありました。「売り手良し」「買い手良し」「世間良し」の三つの「良し」であり、売り手と買い手が共に満足し、また社会貢献もできるのが良い商売であるという考えです。

なぜ技術が非常に優れている日本が、グローバル化の進む中、商売で勝てなくなってきているのでしょうか。そこには少しだけ歪んでしまった「職人気質」という、「良いモノを創れば売れるという世界観」が色濃く残っているからではないかと考えています。しかも、「使うお客が喜ぶ良いモノ」をコツコツ匠《たくみ》の技で磨き上げるという志向が薄れてきてしまってはいないかと危惧しています。

本来の職人とは顧客一人ひとりの顔を思い描き、自分の技で最大限の喜びを提供することを生業《なりわい》にしていました。**「顧客第一」の思考を持っていたものです。**

多くのクライアント企業でビジネスモデル開発や戦略立案のお手伝いをしていますが、初めに口火を切って出されるのは、商品・サービスの「機能」や「性能」の話です。もちろん、そのような技術力は非常に重要なことです。

しかし、技術は顧客の価値（目的）を達成するための手段（ＨＯＷ）に過ぎないのです。**「技術を使って、顧客にとって何が（ＷＨＡＴ）価値になるのか？」「なぜ（ＷＨＹ）それを提供するのか？」**を、もっと思考してもよいのでは、と感じます。

■安くすれば売れるのか？

ビジネスモデル立案プロジェクトをしている際に、クライアント企業と一緒に市場環境分析を実施し、課題を体系化した後に、新しいモデルを思考するフェーズに入りますが、新しいアイデアが生まれずに、安易に「安くすれば売れる」という発想になりがちなのです。その際、私は間髪を入れずに「ちょっと待った！」の声をかけます。

もちろん低価格にしても戦略性を持って戦える「仕組み」があるならばＯＫでしょう。コストリーダーシップを戦略的に実践するのは、勝ち方としてはよくあるモデルです。

しかし、安易に「価格だけ」に走るのは非常に危険も伴います。「高いから売れない」は本当なのでしょうか？

たとえば、まったく同じ価格、一〇〇円の「飴玉」が二つあったとします。ＡさんとＢさんがそれぞれを口に含んだ瞬間、Ａさんは「すごい！　おいしい！」と感じたとしましょう。一方のＢさんは「うわ！　まずい！」と感じたとします。この一〇〇円という「価格」を、AさんとBさんは同じ「価値」として捉えるでしょうか？　この状況であれば、Aさんはこの一〇〇円という価格を「安い」と感じるでしょうし、Bさんは「高い」と感じるでしょう。

つまり、「価格」と「価値」は状況や人によってまったく違ってくるのです。この違いを捉えて、商人が「君、今の自分をよく御覧なさい。風邪をこじらせとるじゃないか。喉が痛いじゃろ？　薬は苦いで。でもこの飴玉ならば、甘味は少ないかもしれんが、喉も治るし、おいしいで」と言ってAさんに一〇〇円で売れば、喉も治るし、しかも「苦くない！　おいしい！」という価値で「安い！」となるわけです。

一方で風邪もひいておらず、喉も痛くないBさんにとっては、飴玉にしては甘味が少なく「まずい」と感じ、「高い！」となるのは当然です。

ビジネスで「価値」を考える際に大切なのは、「相手は誰か」ということです。

さらに、「儲け」を考えるには、「誰が喜んでお金を払ってくれるのか？　世間は喜んでくれるのか？　自分も儲かるのか？」の構造化です。それがビジネスです。

この儲けの構造を思考することが重要です。そのため顧客・競合・自社の変化に対し、先回りをして向上的に成長サイクルを創り続けていくことが大切になります。

その成長サイクルを創り上げていく中で、「勝つための事業構造に変革する思考」——それが「ビジネスモデル思考」なのです。

■「戦略シナリオ」と「ビジネスモデル」の関係性

「三方良し」の原理原則を守ることが良いビジネスモデルを創る原点です。既存のプレイヤーから安さだけでシェアを奪い、賞賛されない手法を使って新規参入し競争を仕掛けても、長くは続かないでしょう。必ず報復という痛手を蒙《こうむ》ることになります。

優れたビジネスモデルとは、既存企業との共存も保てる「仕掛け」と「仕組み」があり、自社の儲けが出ると同時に周囲の儲けも増える「三方良し」の発想を持っています。

天秤棒を担ぎながら全国を行商し富を成した近江商人の経営理念には、学ぶことが非常に多いのです。近江商人がルーツになっている企業は今も多く存在しています。

丸紅、伊藤忠商事、トヨタ自動車、西武ホールディングス、商船三井、住友金属工業、大丸（現・大丸松坂屋百貨店）を経営するJ・フロントリテイリング、日本生命保険、ワコールホールディングス、西川産業、東邦レーヨン（現・東邦テナックス）、兼松など長きにわたって成長している企業には、「三方良し」を理念に置いたビジネスモデル思考が浸透しています。

ビジネスモデルとは、ひと言でいうと**「市場への仕掛けと仕組みを掛け合わせた儲けの構造」**そのものをさします。

・仕掛け＝市場や顧客に問題提起し、問題を開発し、新たな価値を創造すること

・仕組み＝価値を届けるため、資源（人・モノ・金・情報）を整え最適化すること

と定義すると、わかりやすいでしょう。これら二つを掛け合わせてビジネス展開の中核を成すＷＨＡＴとＷＨＹを構築することであり、ビジネスの本質を創り上げていくプロセスになります。

そして、ビジネスプランとは、ビジネスモデルを含んだ、ビジネススキーム、システム、戦略、アクション全体をシナリオ化したものになります。

本書の最終章では、ビジネスモデルをプランに落とし込む考え方もお伝えします。儲けの構造をいかにして社会、市場、顧客に伝え、選ばれ続ける企業になるのかを一

「ビジネスモデル」と「ビジネスプラン」の違い

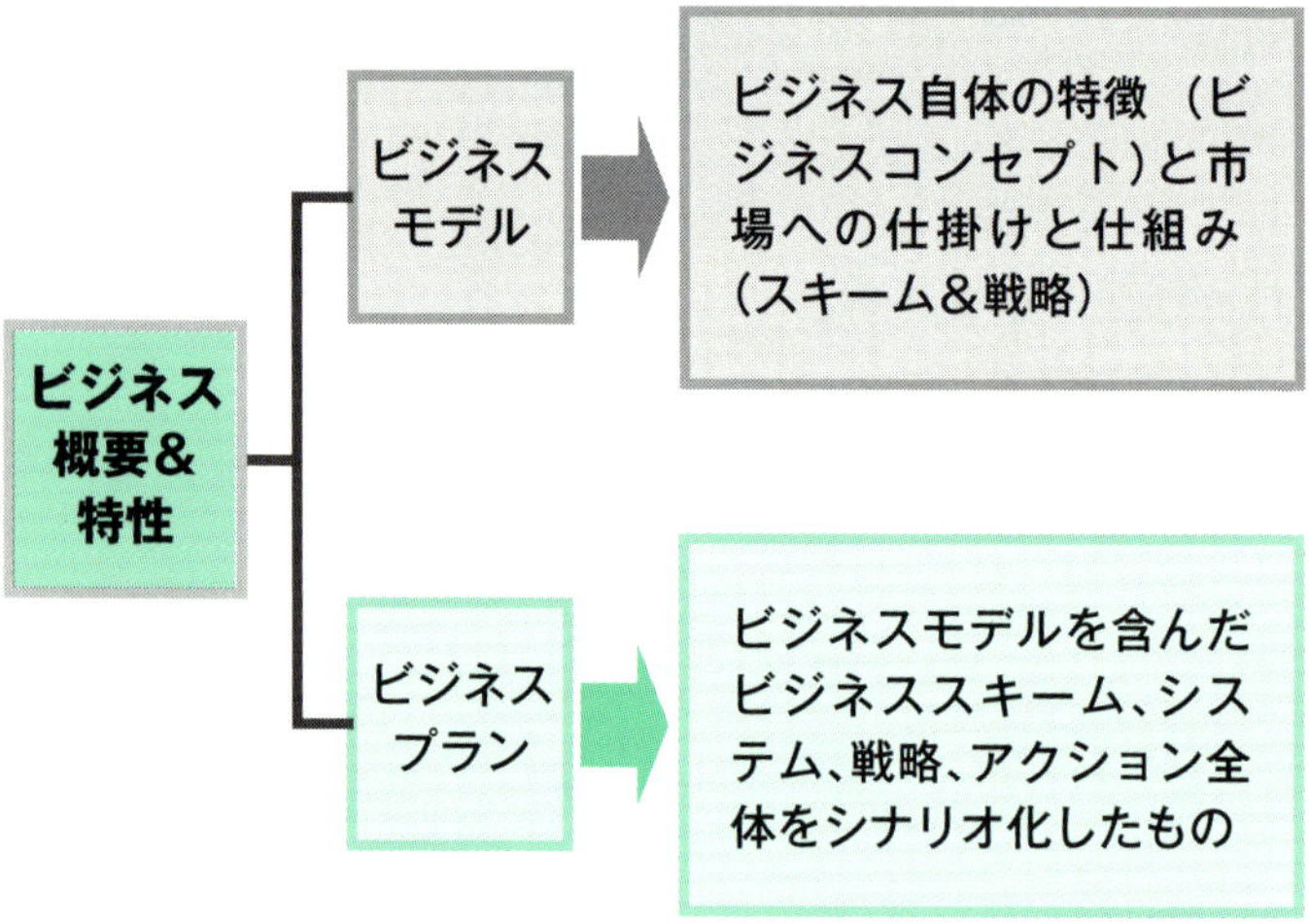

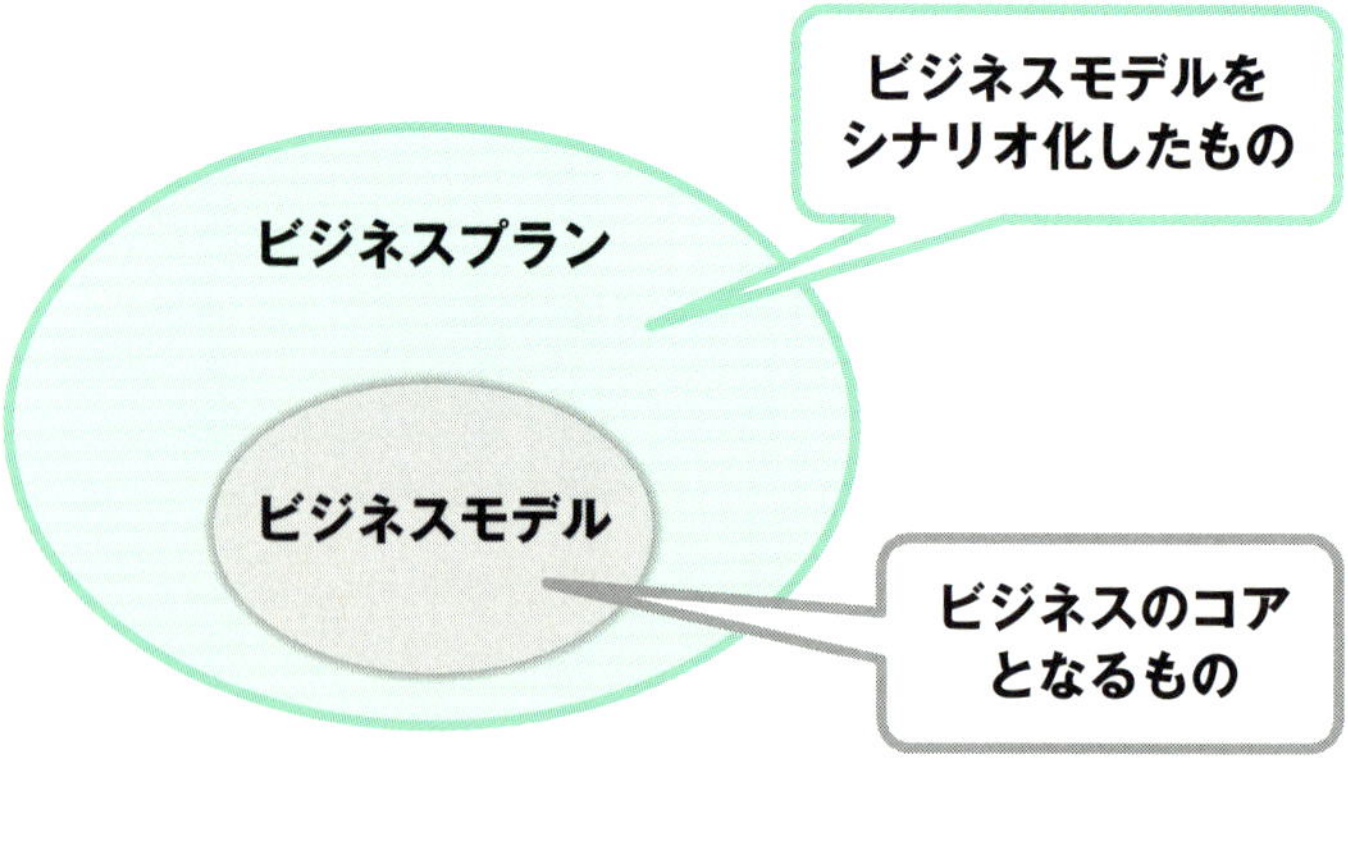

緒に考えていけたらと思います。

拙著『30ポイントで身につく！「戦略シナリオ」の技術』（ＰＨＰ研究所）では、戦略の立て方をしっかりと身につけていただくことを目的にしました。それは、勝つための明確なる特徴づけ「フォーカス＆ディープ！」という軸と勝ち方（ＨＯＷ）を創るスキルになります。勝ち方自体を思考し身につけることは、必須のビジネススキルになります。

ただし、それは登るべき山の頂上が明確になっている際に非常に有効な思考になります。ビジネスモデル思考では、そもそものＷＨＡＴを創ることを重要視します。目指すべき山の頂上がない状態で、登り方を考えろと言われてもなかなかできるものではありません。まずは、どこを目指すのか。なぜ目指すのかを明確にしたうえで、人は初めて山の登り方を考えていきます。

本書のビジネスモデル思考の論点は、目指すべき山の頂上（ＷＨＡＴ）をどのように創り上げていくのか。そして、それはなぜなのか（ＷＨＹ）を考えることなのです。社会が求めているからか？　自社の強みを徹底的に活用できるからか？　他社にはまねができないからか？　もしくは、まだ市場すらなくアッと驚く新市場を創りたいからなのか？　ビジネスモデルを思考する際には、その背景も非常に重要になります。「『三方良し』の商売はどうすれば構築できるのか？」「なぜあなたはそれをやりたいのか？」を改めて考える必要があるのです。

ルールの中で勝ち方を身につけるのが**「戦略的思考」**であるならば、勝てるルール（構造）の創り方を身につけるのが**「ビジネスモデル思考」**といえます。

この二つの思考とスキルを身につけることで不透明な市場の中で勝ち続けるチカラが手に入ります。ぜひ、前述の拙著『30ポイントで身につく！「戦略シナリオ」の技術』も併せて読んでいただきたいと思います。

他の企業が見つけることができなかった絶景を望める山頂を見出し、その意義を思考すること。いわば、登り方（勝ち方）を思考すると同時に、「登る山を見つけ新しい景色が見える場所の創り方」を皆さんには身につけてほしいと思っています。

■環境が違うのに同じモデルでよいのか？

では、「何を？（WHAT）」と「なぜ？（WHY）」を思考するためにはどのような思考が重要になるのでしょう。

ここで、一つ皆さんに聞きたいことがあります。すぐに答えられる人はどれくらいいるでしょうか？

問い一、二〇一三年時点での日本の名目GDPは第何位？

この質問には答えることができる方は多いと思います。そうです。第三位です。

問い二、では、日本が名目GDPで世界第二位になった年は何年でしょうか？

この質問にすぐ答えられるビジネスパーソンは、思いのほか少ないのが実情です。答えは「一九六八年」になります。一九六八年から二〇一〇年までの約四十年間、日本は世界第二位の経済大国であり続けました。今ビジネスパーソンとして活躍されている三十～四十代の方の多くは、この約四十年間の中で培われてきたビジネス環境の中で仕事をしています。さらに、皆さんの会社の大半のビジネスモデルはこの四十年間の中で創られてきた「経済大国JAPAN」を大前提に構築されています。

経済成長を礎《いしずえ》にしたビジネスモデルのままで本当によいのか、変化の先回りをしていく必要があるのではないか。そう感じている方は多いと思います。現在（二〇一三年）、日本はすでに名目GDP第三位。このままいけばさらに順位を落とすでしょう。

もはや環境は大きく変わっています。ビジネス環境の変化は起きているにもかかわらず、なぜ動こうとしないのか。いやむしろ、動けないのではないかと私は考えています。その理由を述べたいと思います。

実は先ほどの「一九六八年」という年は日本の経済を見る指標においても重要な意味を持っています。ＴＯＰＩＸという経済指標は、この年に制定されています。少し専門的な話になりますが、ＴＯＰＩＸ（東証株価指数）も日経平均株価と同じく株価指数の一つで、日経平均株価と同じように市場全体の変化をチェックするために使われています。

日経平均株価との違いは、その計算方法と影響を受けやすい銘柄にあります。ＴＯＰＩＸは東京証券取引所が算出しており、東京証券取引所第一部に上場している銘柄すべての合計時価総額を、基準時点（一九六八年一月四日）の時価総額で割ることによって算出します（時価総額は、株価×発行済み株式数で求めます）。

このため、発行済み株式数が多く時価総額の大きい大型株に影響されやすくなっており、逆にいうと、一株あたりの値段が高くても株式数の少ない銘柄には影響されにくい、ということになります。

日経平均株価をチェックされている方は多いと思いますが、ＴＯＰＩＸも使って、経済の変化について複数の指標を基に自分なりの判断をしてみるとよいでしょう。

話が脱線しましたが、これは実はビジネスモデル思考のためにも大切なことなのです。

もっと簡単な事例を用いて説明したいと思います。今から私が伝える文章を読んで、後の問いに答えてみてください。では、いきます。

「現在の日本は高齢社会である」

では、問いです。

右の文章は**「事実」**でしょうか？

さて、いかがでしょうか？　そうです。厳密には「事実」ではありません。事実を基に誰かが判断した**「解釈」**に過ぎないのです。

一方で**「平成二十三（二〇一一）年十月一日現在、日本の総人口は一億二七八〇万人であった。六十五歳以上の人口は、過去最高の二九七五万人（前年二九二五万人）となり、総人口に占める割合も二三・三％（前年二三％）となった（内閣府調べ）」**

――この場合はどうでしょう。

これは高齢社会であるという解釈を支える「**事実**」になります。

この事実から誰かが「なるほど、六十五歳以上の人口割合がこんなに大きいのか。日本は高齢社会だな」と解釈しているに過ぎないのです。

もし、仮に日本よりもはるかに六十五歳以上の人口割合が大きい国があるという事実があり、その事実をつかんでいれば、「まだまだ、高齢社会ではない」という解釈に変化するかもしれません。

この「事実」と「解釈」の違いをしっかりと認識することが、とても大切です。

「事実」とは数値やデータに裏付けされた客観性のあるものです。一方で「解釈」とはある人が下す判断や意見であり、主観性が色濃く反映されるものです。この主観のみで物事を語っていると、「思い込みで話をしているのでは」と人から言われてしまうでしょう。

たとえば、「我々のビジネス環境の変化は非常に大きい。特に顧客の嗜好性が多様化し、求められる価値が劇的に変化した。だからこそ、我々のビジネスモデルも変革すべきである！」というもっともらしい話でも、多くのあいまいさが残っています。

「ビジネス環境とは何？」「変化とは何？」「大きいとはどれくらい？」「顧客とは

誰？」「多様化とは何？」「価値とは？」「劇的とは？」……突っ込みどころが満載です。この手の話はその背景や事実、データが押さえられていなければ、それは単なる思い込みに過ぎないのかもしれません。

事実は一つしかありません。しかし、解釈は人によって様々です。「あいまいさ」が残るのは、その違いに意識がいっていないからです。

■「わかったつもり」病を克服せよ

もう一つ大切なことがあります。あいまいさ（事実と解釈の違い）に加えて、「わかったつもり」になっていないかということです。

また一つ、有名なフレーム事例を用いて説明したいと思います。

問題解決や論理的思考で活用され、拙著『30ポイントで身につく！「戦略シナリオ」の技術』でも紹介したフレームとして、「空→雨→傘」という思考プロセスがあります。簡単に説明すると、朝「空」を見上げたら「雲」が出ていた。「雲」が出ていたから「雨」が降りそうだと解釈をした。だからこそ「傘」を持ってきたというロジックを説明する思考プロセスのことです。

事実と解釈の違いに気をつける

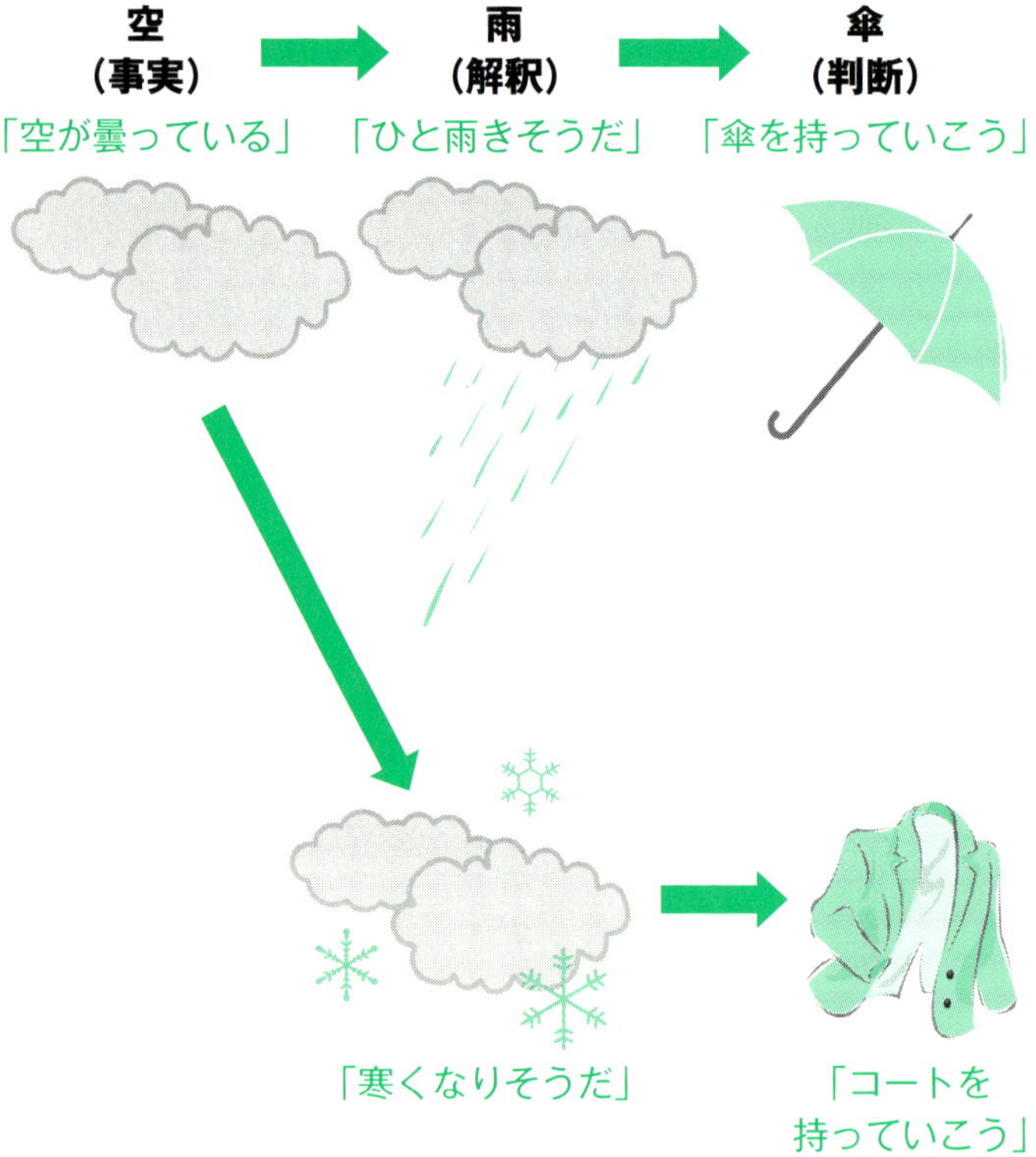
空
（事実）
「空が曇っている」
雨
（解釈）
「ひと雨きそうだ」
傘
（判断）
「傘を持っていこう」
「寒くなりそうだ」
「コートを
持っていこう」

解釈が変われば、結論（判断）も変わる！

これをもう少し深く見てみると、面白いことに気がつきます。「雲がある」――これは事実です。そこから、「今日は雨が降りそうだ」という解釈が生まれます。「雨が降りそうだ」という「解釈」をした人は、「傘を持っていく」という解決策で意思決定に至っているということになります。

では、「雲」という「事実」を見て、「今日は寒くなりそうだ」という「解釈」をした人はどうなるのでしょうか？「傘」ではなく、「コート」という結論や解決策を導くかもしれません。結論が「傘」でも「コート」でも、それぞれのロジックは通っていることになります。

事実は一つですが、解釈が変われば、解決策としての意思決定や結論も変わってしまうという良い例です。

では、さらにもう少し掘り下げましょう。もし、この「雲」という事実に、「今日の降水確率八〇％」という事実（データ）が加わったらどうなるのか。さらに「今日の最低気温二八度」という事実（データ）が加わったらどうなるでしょうか？「コート」という結論にはなりにくくなるでしょう。

つまり、一つの事実から導いた「傘」という結論と、三つの事実から導いた「傘」

事実を複数持つと仮説が確信に変わる

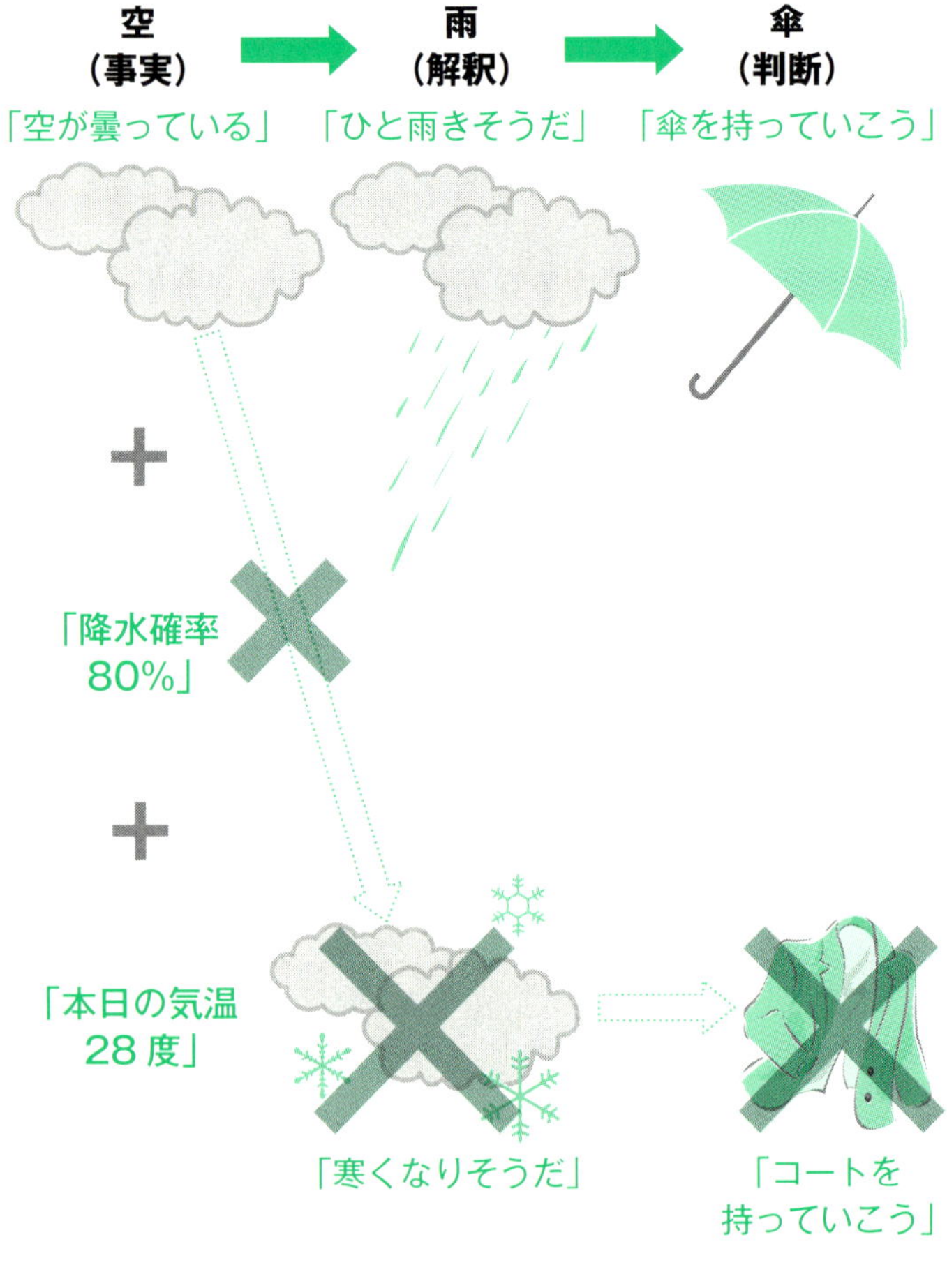
空
（事実）
雨
（解釈）
傘
（判断）
「空が曇っている」
「ひと雨きそうだ」
「傘を持っていこう」
「降水確率
80%」
「本日の気温
28度」
「寒くなりそうだ」
「コートを
持っていこう」

という結論が、仮に同じ結論だとしても自分の中での確信、人に伝えた際の納得感がまったく違うということに気がついてほしいのです。

前述した経済指標の話もまったく同じです。一つだけの事実から判断するのではなく、複数の事実から判断をしていくほうが確度は高まります。

誰かの解釈（たとえば、「雨が降る」や「寒くなる」）に頼りすぎて自らの結論を出してばかりいると、わかったつもりになってしまいます。確信と意志の持てる結論を導くには、客観的事実を多くそろえて自らのビジネスに大いに活用すべきなのです。

そもそもの問いに戻しましょう。「動こうとしないのではなく、動けないのはなぜか？」。それは「なんとなくというあいまいさ」と「わかったつもり」という安定状態になってしまっているのが大きな原因だと考えます。「わかったつもり」になると思考が安心してしまい、「よりわかる」ための探索活動を阻害する恐れがあります。

「あいまいにわかったつもりでいる状態」

これが新しい行動や発想をストップさせる原因になっています。

「あいまいさ」＝事実不足

「わかったつもり」＝確信不足

を、まずは払拭することを意識しましょう。山頂（WHAT）を創るためには、その背景（WHY）をしっかりと事実から導く必要があるのです。環境は明らかに変化しています。**変化していく環境の中で儲けの仕掛けと仕組みも変化し続けていく必要があります。**環境の変化を事実で捉え、多くの事実から自らのビジネス環境を客観的に捉えて、新しいモデル開発に向けた思考にスイッチすることがビジネスモデル思考の第一歩です。

Point 1
事実と解釈の違いを意識しよう！

2 新しいビジネスモデルの創り方

■変革のありかを探る

皆さんは、二〇〇八年に国連が制定した「国際ポテト年（International Year of the Potato）」をご存じでしょうか？「国際ポテト年」とは、二〇〇五年十二月に行なわれた国連総会で決議されたもので、「食料安全保障を提供し、貧困を根絶するうえで、ポテトの果たし得る役割」に目を向ける、というのが目的でした。

ジャガイモは、厳しい自然環境下でも栽培可能であり、栄養価も高いため欧米諸国に広がり、主食になるまでになりました。特にアイルランドは、ジャガイモを最大の農産物として主食にすることで人口の爆発的な増加を果たしています。

一八世紀半ばには三〇〇万人強だった人口はなんと一八四五年ごろには八〇〇万人に達しました。一八世紀から一九世紀にかけて、ジャガイモのおかげで急成長をしたアイルランドはジャガイモ依存が進んでいました。そして、その国家の儲けの構造を信じて同じモデルで居続けたのです。

ところが環境は変化します。一八四五年には、アイルランドに多大なる損害を与える「ジャガイモの疫病」が発生してしまうのです。

おかげで、ジャガイモの生産量は翌年には九割も減ってしまうという危機に陥ります。食糧の大部分をジャガイモに依存していたアイルランドは人口が急激に減少していきました。現在でもアイルランドの人口は四五〇万人ほど。人口は一九世紀の八〇〇万人には到底及ばない状況をいまだに引きずっています。食糧の大半をジャガイモ単作（モノカルチャー）に依存しすぎたことが、ジャガイモ疫病の負の影響をここまで大きくしています。

この話は、環境変化が当たり前のビジネスにおける「成功依存」の怖さを教えてくれます。成功した技術やサービスを持っている企業ほど、ビジネスモデルの変化を恐れ、市場環境の変化に対応していけなくなる危険性は多くの人が知るところです。

今の世の中は儲けの構造が大きく変化してきています。ここ数年でＩＴの進化による情報拡散が経済に与える影響度や、まったくコストが違う新興国の台頭、地球規模での環境問題への対応ビジネス等々、「ビジネスの前提条件」を覆すような変化がかなりのスピードで起きています。

こういった状況下では、産業自体が突然死を起こすことも珍しくありません。さらには、産業自体を個人が起こし、構造そのものを覆すこともあるでしょう。

■米コダック社は突然破綻したのか？

デジタルカメラの進展は、わかりやすい例です。フィルム産業が一気に減少し、百年もの歴史を持った米コダック社が経営破綻に追いやられました。アメリカを代表する名門企業だったコダック社も市場の変化を先読みし、自らの構造を変化させることができなかったのです。かつてのコダックはいわば、現在のアップルのような先進的な企業でした。フィルムというコア技術を活かして新しい商品を世の中にどんどん打ち出していました。ポラロイドが良い例でしょう。

しかし、彼らはデジタルカメラの発想が社内から出ていたにもかかわらず、その発想自体を封印してしまうのです。社内のフィルム部隊からの弾圧でした。当然、デジタル化が進めばコア事業であるフィルム事業との共食いを起こします。その共食いに恐れをなし、動けずにいた矢先に他メーカーがどんどんデジタル化を推し進め、市場は一気にフィルムから遠のいていきました。

つい数年前は当たり前だったビデオテープによる録画・再生やデジタル機器もＹｏｕＴｕｂｅでの動画視聴に取って代わられ、紙で書く手紙は当たり前のようにＥメールになっています。

教育を受けること、提供すること自体の概念もＩＴ進化によって大きく変わりつつあります。アメリカの有名大学の授業は無料で動画配信され、世界中のどこにいてもインターネットの環境さえ整っていれば、講義を受けることができます。これまで経済的に豊かで限られた地域の人だけに偏っていた教育機会が、今やオープンに提供され、「知識の壁」がフラット化してきています。

非常に優れた教育ビデオをＹｏｕＴｕｂｅにアップロードして、世界中からアクセスできるようにしたオープンラーニングの「カーン・アカデミー」。ビデオによる教育の再発明と賞賛されています。創始者のサルマン・カーンはヘッジファンドに勤務していたとき、いとこの家庭教師をしていたそうです。効果的な副次的教材として、自分が教えている様子をビデオに撮り復習できるようにＹｏｕＴｕｂｅにアップして、いとこに見てもらっていました。

ところが、いとこからは「ビデオのほうが良い」という感想をもらったのです。ビデオであれば、好きなときに勉強することができる。巻き戻しも、早送りも自由自在。理解ができなければ、何度でも納得いくまで見ることができる。直接教わっていたときにはできなかったことです。このビデオが非常にわかりやすいと世界中で評判になりました。

理科、数学、歴史やアートなど様々な学校の教育科目を、いつでも自由に、誰でもどこでも学べるＹｏｕＴｕｂｅ上のレッスン動画や学習効果を高める練習問題プログララム。

これらのコンテンツを無料で提供する教育機関「カーン・アカデミー」をＮＰＯとして設立したのです。

世界中の子供たちに新しい教育の機会を提供する優れたツールとして、今やビデオ教材は二二〇〇本以上制作され、算数の基本からベクトル解析まで多岐にわたっています。月に一〇〇〇万回以上も再生され、一日に一〇万〜二〇万回もビデオが見られているのです。

彼は、従来の教室のあり方をひっくり返しました。勉強そのものは、家でできるようにし講義ビデオを生徒に与え、教師が手助けできる教室でこそ「宿題」をさせるようにしているのです。教育は、リアルで集まる場所ではディスカッションやアウトプットを重視し、考えるチカラを身につける方向に大きく変革しつつあります。知識を伝えるだけの従来の教育を大きく変えてしまう可能性を持っているのです。

このように変化は次々と起きています。この変化は急激に、かつ、大きな波として目の前に押し寄せています。**変化を拒否するのではなく、対応していく思考が求められているのです。**

■滅びゆく恐竜、ＩＢＭの復活

今もなお強く進化し続けているＩＢＭは、かつて「滅びゆく恐竜」と揶揄《やゆ》されていました。一九八〇年代メインフレーム市場でシェア七〇％という圧倒的強さで、コンピュータ市場から生まれる利益の九五％を占有していました。しかし、オープン化、ウィンテル連合によるパソコン時代を読みきれず、「アメリカの至宝」から「滅びゆく恐竜企業」へと転落し始めます。そして、一九九二年度は利益がマイナス四九・六億ドル（売上六四五億ドル）、三年連続の赤字となります。この危機を救ったのはマッキンゼー出身のルイス・ガースナーでした。

一九九三年に彼がＣＥＯに着任してから変革は始まります。彼らが行なった大胆な変革は「信条以外のものはすべて変える」という自己進化でした。その後も、社外（顧客）と社内の調査活動を実施し、顧客の求めるものは、メインフレームではなく、ソリューションである、と変革を進めていきます。

常に環境変化に敏感であり続けるために顧客の声を聞き、そこからビジョンを設定し、業態を変えていく組織となるように仕組みを変えていきました。

そして、そのイノベーション体質は今も色濃く残り、ＩＢＭはイノベーションＪＡＭという仕組みを創り出し、オープンに社外ともつながり世界規模で価値を生み出すロードマップを描き続けています。

さらにマーケッター輩出企業としても名高いＰ＆Ｇ（プロクター・アンド・ギャンブル）社も、常に進化を遂げる仕組みを持っています。Ｐ＆Ｇはおよそ十年に一度のペースで大きな変革を行なってきています。

一九一九年には、四五〇人の営業部員を雇い、卸売業者を介さずに小売業者に商品を直接卸し始め、一九二四年、消費者ニーズの変化を把握するために市場調査部門を設置し、一九三一年、同じ商品ジャンル内に競合する複数のブランドを投入、現在は発展途上国の小規模な売店や雑貨店での販売拡大に乗り出しています。さらに、社内ですべてを担うのではなく、オープンにイノベーションを起こす仕組み「コネクト＋デベロップ」プログラムも確立し、会社全体とそれぞれの事業部門の中に新事業創造を担当する部署を設け、意識的に組織構造に変革を起こし続けています。

長期にわたって、大きく成長し続けるためには、単なる商品とサービスのイノベーションだけではなく、「自社のビジネスの最も中核を成す部分」を計画的に常に変え

るビジネスモデルを確立しています。彼らはそのモデルを、

・利益を得る方法を変更

・顧客に提供する価値を変更

・商品を市場に送り出すまでの社内外のプロセスの組み合わせを変更

と、市場に「仕掛ける」ための「仕組み」も同時に変革しているのです。

まさに、「ビジネスモデル思考」の実践企業といえます。

ビジネスモデルというのは、企業の「価値創造の仕掛け」と、それを支える「仕組み」からできています。

たとえば、「低価格指向でボリュームの多い大衆」をターゲット顧客とした場合、コンセプトが「低価格でありながら、競合とは同等以上の機能がある」という商品で価値を創造しようとします。これは「仕掛け」になります。

そして、それを可能にするために、「人件コストの低い国での加工と組み立てをする製造・物流」と「常にコスト低減を継続できるオペレーションシステム」、さらに

「低価格実現をビジョンにした研究開発・購買・販売マーケティングの組織体制」といったリソースの最適化を実施する――これが「仕組み」になるのです。

■ビジネスモデル・イノベーション

「価値創造＝仕掛け」と「リソースの最適化＝仕組み」を構成する要素を変革し、自社の優位性を最大化していくことこそが、ビジネスモデル・イノベーションです。

これまでプロダクト製造業だった企業がサービス業へ仕掛けと仕組みで変革するケースは多く見られます。

アップルのｉＰｏｄの「『製品単体の機能提供型』モデルから、『コンテンツも含め、非常にわかりやすいユーザーインターフェース提供型』モデル」への変革は、多くの方がすぐに思い浮かべるビジネスモデル・イノベーションの例だと思います。以前は「アップル・コンピュータ」だった社名を「アップル」に変更し、社名から「コンピュータ」を外した所以でもあります。

ビジネスモデルにイノベーションを起こすには、「仕掛け」と「仕組み」の構成要素にメスを入れ、単に過去の延長線上で新しい商品を出すことや新技術を導入することだけではなく、全社的な構造変革も一緒に考えていく必要があるのです。

社会の価値に目を向け、新たな市場を生み出し、「仕掛けていくため」には既存の技術やサービスを基盤に事業そのものを進化させ続けていく「仕組みづくり」が大切になるのです。

では、どのように自らの進化に向けて動けばよいのか、ビジネスモデルの構成を捉えて考えていきましょう。

■基本を押さえてシンプルに捉え直す

「仕掛け」と「仕組み」で顧客の価値最大化を目指していく際に「ビジネスモデル・デザインマップ」を使うと便利です。

物事は複雑に絡まって進んでいきますが、皆さんの頭の中身まで複雑化させる必要はありません。一度シンプルに整理することで、あれもこれもどれもそれもと思考を分散化させることなく、意思決定の軸が明確化されてきます。

ビジネスモデル・デザインマップは「ＳＴＶ＋６Ｐ」で構成されます。

「ＳＴＶ＋６Ｐ」とは何でしょうか？　ＳＴＶとは「セグメンテーション＆ターゲテ

ビジネスモデル・デザインマップ

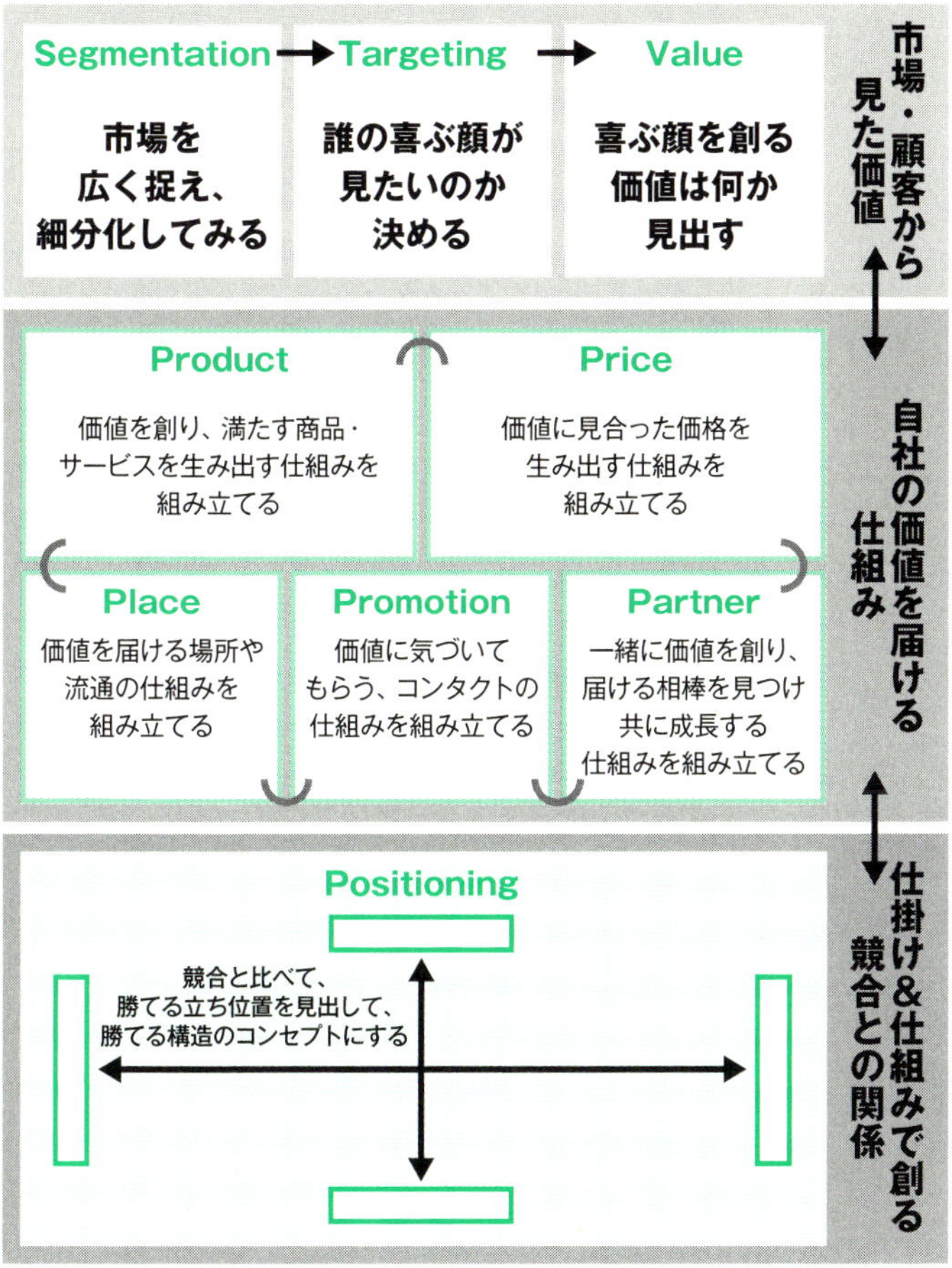
Segmentation
市場を広く捉え、細分化してみる
Targeting
誰の喜ぶ顔が見たいのか決める
Value
喜ぶ顔を創る価値は何か見出す
市場・顧客から見た価値
Product
価値を創り、満たす商品・サービスを生み出す仕組みを組み立てる
Price
価値に見合った価格を生み出す仕組みを組み立てる
Place
価値を届ける場所や流通の仕組みを組み立てる
Promotion
価値に気づいてもらう、コンタクトの仕組みを組み立てる
Partner
一緒に価値を創り、届ける相棒を見つけ共に成長する仕組みを組み立てる
自社の価値を届ける仕組み
Positioning
競合と比べて、勝てる立ち位置を見出して、勝てる構造のコンセプトにする
仕掛け&仕組みで創る競合との関係

ィング＆バリュー」であり、6Pとは「プロダクト、プライス、プレイス、プロモーション、パートナー、ポジショニング」のことになります。

デザインマップには、三つの大きな視点が含まれます。

①セグメンテーション＆ターゲティング＆バリュー（STV）：「市場」と「顧客」と「価値」を明確にします。
②プロダクト＆プライス＆プレイス＆プロモーション＆パートナー：自社のリソースをどのように組み合わせて顧客価値の最大化を創り出すのかを構造的に捉えます。仕掛けと仕組みを思考する部分にもなります。
③ポジショニング：競合の動きを見ながら、自社がナンバーワンになれる立ち位置を明確にします。どのような価値の組み合わせで顧客に訴求すれば、他社には見えない風景が見えるのかを具体的にデザインします。

これら、「STV＋6P」の要素がしっかりとそれぞれ因果関係で結ばれていることが重要になります。**ドットではなくフローとして流れるように、その全体のデザイ**

ンをしていくことで、儲けの構造を練り上げていきます。

■企業戦士の味方、レッツノート

では、まずはわかりやすくパナソニックの「レッツノート」ビジネスモデルを例にとりながら、少し詳しく見てみましょう。

家電量販店によく足を運ぶ人はピンとくるかもしれませんが、レッツノートは低価格化が進むノートパソコンの中でも高額な値段で売れ続けています。これはなぜでしょう。

まず、ＳＴＶの視点から「価値創造の仕掛け」を見てみましょう。

1、Ｓ＝セグメンテーション（市場の細分化）

セグメンテーションとは市場を細かく分解することで、市場にいる顧客の欲求を探ることが目的になります。市場を分解することで複雑化された欲求を整理し、どのような顧客がいるのかを明確にしていくステップでもあります。

「分解」の「分」の字は「わける」とも「わかる」とも読みます。部首の「八」は

「左右二つに分けたさま」という意味があり、「刀」で「八」にすることが「分」のそもそもの意味なのです。さらに「解」の字も「わかる」と読みます。「角（つの）」と「牛」を「刀」で分ける、という意味があるから「解る」として使われているのです。

つまり、市場も「分ければ、分かる（解る）」のです。そのために市場の細分化は非常に有効なステップになります。

では、ノートパソコン市場を顧客ごとに分けてみると、どうなるか。様々な分解の仕方があるとは思いますが、大きくはホームユーザーとビジネスユーザーに分かれます。

多くのパソコンメーカーは量販店で売るために「ホームユーザー」に目を向けました。多くのプレインストールソフトを搭載し、様々なことができるパソコンで勝負してきました。さらに、家庭内でも持ち運びが楽なようにと「薄く」「軽く」という価値を追求し続けました。みんな同じような方向性で突き進んだのです。量販店から見たら「うれしい動き」ですね。メーカー同士で激しい戦いをしてしのぎを削ってくれています。そうして良いものが安くなっていくのです。

これらのメーカーが狙っている市場は「ホームユーザー」です。量販店もこの市場に大きな強みを持っています。つまり、どのような構造が起きるのか？

量販店から見れば、「いいのですか？　○○メーカーさん。あなた方が狙っているお客さんたちは弊社の店舗に多く来ていますよ。他メーカーさんはみんな弊社店舗に陳列して売れています。御社も陳列しないとまずいのでは？」という構造になるわけです。

するとメーカー側としては、「確かに……。ではぜひ置かせてください」という立場になります。

こうなると、量販店の思惑通り、「でしょ！　だったらこちらの言い値で仕入れさせてくださいね」という流れになるのです。競合も増え、チャネルも同じになる。価格ばかりが下がっていく、という「レッドオーシャン」になるわけです。

ただし、パナソニックのレッツノートは違いました。**そもそものセグメンテーションの時点で「ビジネスユーザー」に目を向けたのです。**

2、T＝ターゲティング（明確な顧客設定）

ターゲティングとは、分解した市場で目を向けた顧客カテゴリ（今回は「ビジネスユーザー」）の中でも、さらにどんな顧客をターゲットとするのかを決めていくステップです。影響度や市場規模や親和性というものを軸に、メインとなる顧客を決めていきます。

「どんなお客様なのか？」を具体的にすればするほど、顧客の欲求が見えてくるようになります。「どんな生活をしているのか？」「その中でどのような価値を欲しているのか？」「何が不満なのか？」を探っていきます。その人になりきることで視点の切り替えや価値の仮説の構築をすることを目的とします。

そこで、パナソニックは「**ビジネスユーザー**」の中でも「**移動や出張、外で仕事をすることが多いビジネスマン**」にメインターゲットを絞り込みました。

すると、そういった顧客はパソコンに何を求めているのかがさらに明確になってきます。毎日パソコンを持ってどこに行くのか。どんな使い方をしているのか。どんな場所で多く仕事をするのか。様々な視点でメインターゲットの欲求を見つけていきます。その欲求を満たせる「モノ」や「コト」が次の「バリュー」につながっていくのです。

3、V＝バリュー（顧客が獲得する価値・ベネフィット）

バリューとは、顧客が手に入れられる「価値」「利益」になります。ベネフィットともいいます。顧客は「モノ」の「機能や性能」そのものにお金を払っているわけではなく、それによって得られる「感動」や「体験」にお金を払っているのです。

有名な言葉として、「四分の一インチのドリルが一〇〇万個売れたのは、人が四分の一インチのドリルを欲したからではなく、四分の一インチの穴を欲したからだ。人は自分にもたらされる価値の期待値に金を払うのだ」（レオ・マックギブナ）というものがあります。

「商品」を買うときのことを思い出してみてください。商品そのものを買うというよりは、それを手に入れることで得られる「価値」を思考しているはずです。「なぜ、それをほしがったのか」の欲求の背景を意識してみるとわかりやすいと思います。

となると、今回レッツノートのメインターゲットが欲する「価値」とは何か、が見えてきます。新幹線の中でも、喫茶店でも長い時間仕事をする必要がある。ガンガン持ち歩く。そういうスタイルでパソコンを使う人がノートパソコンに求めるのは……「軽く」「薄く」という価値かもしれません。しかし、もっともっとほしいものが見えてきます。「長時間連続で使える、ちょっとやそっとでは壊れない」そんな価値を手に入れたいわけです。

■6Pの観点で見る――「価値を届ける仕組み」

そして、ここからメインターゲットへ価値を提供するための仕組みとして、「6P」の視点でモデリングしていきます。引き続きレッツノートで考えていきましょう。長時間連続で使えるし、ちょっとやそっとじゃ壊れない価値を提供するために、

◆プロダクト：長時間駆動バッテリー搭載&タフなボディ
◆プライス：ビジネスユースに適した価格（決して安売りはしない）
◆プレイス：量販店には注力しない。安売りされない自社販売
◆プロモーション：ビジネスシーンでの使い方を訴求。ビジネスユース＝レッツノートのイメージ
◆パートナー：企業やビジネスマン各々とつながる
◆ポジショニング：バッテリー×タフ＝レッツノートで№1の地位を確立

となります。特に最後のポジショニングは「コンセプト」にもつながります。同じノートパソコンでもターゲットの価値を明確にして、仕掛けと仕組みを組み合わせて立ち位置を変えていけば№１になれる良い事例です。

これは他のビジネスにも多く活用できる思考になります。このポジションが確立できれば市場内での量販店との構造を変えることができます。ビジネスパーソンに人気が出たレッツノートは量販店側としても興味が出ます。「すみません……。パナソニックさん。最近うちの量販店にレッツノートをほしがるビジネスパーソンの方が増えてきているのです。ぜひ、弊社の店舗でも取り扱わせていただけませんか？」と立場が変わります。

こうなれば、パナソニック側の思惑通り、「でしょ！　だったら、うちの言い値で仕入れてくださいね。安売りはいけませんよ」となるわけです。

これら「ＳＴＶ＋６Ｐ」の要素を、儲けが生み出される因果関係としてモデリングされることが大切です。この全体の儲けの仕掛けと仕組みを組み変えたり、視点を逆転させたり、何かを足したり、引いたりと思考しデザインすることが、ビジネスモデルの面白さであり、価値を生み続ける源泉になっていくのです。

さあ、次は皆さんの番です。まずは現状の自社のビジネスモデル・デザインを整理してみましょう。

シンプルに事実を書き出してみて、どのような構造で儲けを出して、何が最も顧客価値最大化のキーファクターとなるのか確認してみましょう。新しいビジネスモデルをデザインする際の思考の癖が身につくと思います。ビジネスモデル・デザインマップをぜひ活用して整理しながら考えてみてください。自社の「仕掛け」と「仕組み」を整理してみると、どのような要素で構成されているのかがわかるはずです。

そして、その構成要素を変える思考が大切になるのです。たとえば、変革のポイントとして、

・顧客価値を変える
・プラットフォームを変える
・プレイヤーの役割を変える
・儲けの場所を変える

・お金のいただき方を変える
・商品・サービスの届け方を変える
・顧客への伝え方を変える

などがあげられます。
次の項目では、この構造をどのように変革していけばいいかを扱っていきます。

Point 2 ビジネス構造をシンプルに整理してみよう！

2 ベスト・プラクティスを探せ——ビジネスモデル思考の基本

1 「良いところ取り」のすすめ

■ユニクロは他業界を徹底的に研究した

ここまでは、ビジネスモデルとは何か、そもそもビジネスモデル思考として何に気をつけるべきなのかといったビジネスモデルのデザインとしての構成要素をお伝えしてきました。

では、この後、皆さんと一緒にビジネスモデルを考えていくにあたって大切なことは何かを述べておきたいと思います。

それは、様々な他業種の「やり方」を知り、自社にうまく当てはめてみるという思考です。他業種のビジネスモデルが実は自社にとって最適なやり方だったということは、よくある話です。ビジネス用語では**「ベスト・プラクティス」**といいます。「最適なる実践」を多く知ることで成功への糸口を見つけるやり方です。

ユニクロもかつては国内外の優れた企業を研究し、積極的に自社に取り込んでいきました。たとえば、経営システムはウォルマート社、人事教育はホームデポ社、商品開発はニューウェル・ラバーメイド社、未来開発力はマイクロソフト社、情報システムはセブン－イレブン・ジャパン社、マス・トレンドはリミテッド社、そして、標準化はマクドナルド社から、と各社の「良いところ取り」を実践しています。

あの楽天の「ECコンサルタント」は、セブン－イレブンの「オペレーション・フィールド・カウンセラー（OFC）」を研究しベスト・プラクティスとして実践させたものですし、花王も長年P＆Gを研究し続けています。

自社のビジネスモデルを整理した後で、他社のモデルの良いところを自社流にアレンジして取り込むことで新しいモデルにつながることも多くあります。ゼロから発想することも重要ですが、既存のやり方の形を変えて活用するのもとても重要な思考です。

今や世の中にある情報にはいとも簡単にコンタクトできます。SNSを活用したオープンな知の交流は活発に行なわれています。そんな中、クラウドソーシング（群衆

〈crowd〉と業務委託〈sourcing〉を組み合わせた造語）という考えが広まってきています。これは群衆の知恵を借り、新しいビジネスモデルのアイデアを社内だけの知恵や知識だけに囚われず、広く他業種も巻き込んで創っていくという発想です。

アイデアは自社の置かれている環境内だけで考えようとしても、なかなか難しいのです。それは、当業界の常識が他業界の非常識になっていることが多くあるからです。もっと外に目を向けて、違う業界の常識を知ることが必要なのです。

ロサンゼルスに「Ｓｙｙｎ Ｌａｂｓ（シン・ラブズ）」というクリエイティブ集団が存在します。分子化学者から曲芸師まで、異分野からの専門家で構成された「オタク」集団で、彼らの目的はテクノロジーやアートを使って世間をアッと驚かせるコンテンツを制作すること。たとえば、インディーズのロックバンドの「ＯＫ Ｇｏ」のミュージックビデオは、非常に精巧に創られた〝ピタゴラ装置〟が四分間完璧に動く仕掛けを創り、ＹｏｕＴｕｂｅで三八〇〇万回以上も再生されるという偉業を成し遂げています。これをきっかけに多くの仕事が舞い込んできているそうです。

創造するという行為は既存のアイデアの再構築だったり、一見関係のないもの同士を組み合わせることだったりします。ライト兄弟は自転車の構造を飛行機に応用しました。彼らの最初の飛行機は自転車に羽がついた形になっていますし、グーグルの共同創設者であるラリー・ペイジとサーゲイ・ブリンは、学術論文の評価方法に似た理論を応用して、検索システムのアルゴリズムを構築しています。

違う分野の取り組みや実行を自社に取り込むことで新しいアイデアや最適な実践を構築する手助けになります。いくつかのビジネスモデル変革の事例を紹介します。ぜひ、今後の思考のヒントにしていってください。

■カテゴリNo.1モデル――ニッチを狙った日東電工

グローバルニッチトップを誇る「日東電工」はニッチ市場でのカテゴリNo.1を獲得し、全体としての規模を高めていくモデルを取っています。世界中の成長するマーケットを選択し、その中のニッチな分野を対象に日東電工の固有の差別化された技術を活かしてシェアNo.1になるやり方です。

彼らのモデルは、日東電工グループとして、世界中に営業、R＆D、生産拠点を置き、マクロ環境を捉え、世界の各地域特性を活かしたR＆Dや営業を展開していくというものです（アジアの先端技術活用、アメリカの多国籍ナレッジやファンド活用など）。そして現地企業のニーズを把握し、スピーディに対応（営業～R&D～生産の拠点を現地法人化）します。

特にR&Dはニーズ対応だけでなく、先端のマーケット情報と先端技術の情報集積から常にイノベーションを仕掛け、ニッチトップを取ることによって世界中から最先端のマーケット情報が集まる仕組みを強化し、マーケットの先を見据えてマーケットが小さいうちにトップシェアを獲得していくモデルで成功しています。

■スピード経営モデル――セブン‐イレブンの気概

スクラップ&ビルドモデルとして有名なのは「セブン‐イレブン」です。彼らのモデルは単品管理による仮説検証経営の徹底にあります。セブン‐イレブンがすごいのは、「発注は小売の意志であり、最も重要なことである。『売れたから』発注するのではない。『売れると思う（仮説）から』発注する」と考えていることです。フロントラインにいる人が、顧客のニーズとその変化を読み取り、「売れるのではないか」という意志を伴った仮説を立てて発注し、検証するサイクル化が強さの源泉を創っています。売れなかったら即撤収というスピード経営モデルで成功しています。

■顧客立脚の業態転換モデル――帝人は川中、川下を攻めた

ＢｔｏＢビジネスを展開していた「帝人」は、従来の「糸売り」「樹脂売り」脱却のビジネスモデル変革「川中・川下戦略」を一気に推し進めています。これまでは法人向け製品に注力していましたが、市場の声をダイレクトに取り入れるために、最終消費者向けの製品開発＆販売に展開をしています。

「川中」「川下」に近づくことで、これまではＢｔｏＢにおいてそれぞれの法人顧客に対して、社内からバラバラに提案していたものを、最終顧客ニーズに合わせて社内であらかじめ最適な素材の組み合わせを創り、一本化して法人顧客に提案できるようになりました。顧客のニーズを具体的に把握し、素材の持つ強さを再認識することで、さらに顧客視点に立った法人向け製品のコンセプト化に成功しています。

■流通革命モデル――ワールドのプラットフォーム戦略

アパレル業界において、百貨店が最もテナントに入ってほしい企業№１の地位を築く「ワールド」は、ブランドではなく、ビジネスプラットフォームを生み出し続ける

仕組みによってイノベーションを続ける経営を実践しています。

最大の特徴は、「顧客価値最大化」と「生産性最大化」を行なうための「ＳＰＡＲＣＳ（Super Production Apparel Retail Customer Satisfaction）」経営プラットフォームにあります。顧客を起点に生産から店頭までを一気通貫させ、ロス（無駄）を価値に変えるＳＰＡ（Speciality store retailer of Private label Apparel）プラットフォームで全体の流通に最適化をもたらしたモデルで成功しています。

■デザイン＆ブランド基盤モデル――リアル・フリートの存在価値

美しいカデンで知られるブランド「ＡＭＡＤＡＮＡ（アマダナ）」を展開する「リアル・フリート」は白物家電のデザイン＆ブランド刷新のモデルです。

彼らのモデルは、現在の家電メーカーのマスプロダクションの製品に満足していない人たちに向けて、「ここの製品じゃないと嫌」と言ってもらえる製品を提供することであり、そのことによって存在価値を高めています。美しいカデンでデザイン＆ブランド基盤を創り上げデザインをコアに、商圏、商流に変革を起こし、新しい「カデン・ビジネスモデル」を確立したことで成功しているのです。

なぜコンサルタントが新しい視点でクライアントに提言できるのかといえば、それは、様々な業界の取り組みを知っているからです。その取り組みを新しい分野やエリア、業界での仕組みに変えることで新しいモデルを創り上げることが可能なのです。**ある一部での「当たり前」の行動、それが「取り組み」です。これを広く一般化してしまうのが「仕組み」です。**プラットフォームモデルの原点は、どこかで行動されていた取り組みを仕組み化することで広く使われるようにするというものです。

ここに挙げた事例は、ほんの一部に過ぎません。もっともっと素晴らしい取り組みをしている企業は数多くあります。第Ⅱ章以降では、具体的スキルの向上策に加えて、多くの企業ケースもお伝えします。ぜひ皆さんも広くアンテナを張りめぐらして、他業種の取り組みの情報を収集していただきたいと思います。

Point 3

他業種、異文化のビジネスモデルに目を向けよう！

2 仕掛けと仕組みの掛け合わせで思考する

■ドラッカーが考えた企業の目的とは？

「儲けの構造」を思考する際にまず重要な視点は、やはり社会、市場、顧客にとっての「価値」を考え抜くことになります。市場に仕掛けていくために、「顧客は誰か？　顧客への価値は何か？　価値提供の意義は何か？」を常に自らに問う必要があります。

いわば、皆さんの事業の目的そのものを思考することです。なぜそのビジネスは存在しているのか。この社会に対して何を価値として提供しているのか。その存在意義を改めて考えてみましょう。経営思想の父ドラッカーは、企業の目的を以下のように伝えています。「企業は社会の機関であり、その目的は社会にある。企業の目的の定義は一つしかない。それは顧客を創造することである」（『マネジメント［エッセンシャル版］』P．F．ドラッカー著、上田惇生編訳〈ダイヤモンド社〉）。すなわち、組織が存在するのは、自らの機能を果たすことによって、社会、コミュニティ、個人のニーズ、ウォンツを満たすためなのです。

市場を創るのは企業です。潜在的な欲求を有効需要に変えて、その欲求を満足させる手段を提供する。イノベーション、広告、セールスによって欲求を顕在化させることが重要なのです。さらに、「企業とは何か」を決めるのは顧客であり、顧客だけが機能に対して支払いの意志を持ち、顧客が価値を認めて購入するものは、商品やサービスそのものではなく、商品やサービスの価値、効用に対してであるとも述べています。

つまり、しっかりと市場を見極め、ターゲット顧客を定め、提供する価値を明確にして、顧客を創造していくことが企業の目的そのものになります。

企業における、価値の原点は何か。お客様は何に喜びを感じてくれているのか――その企業らしいビジネスモデルを創り上げるためには、単なるお題目ではなく、社会・市場・顧客起点の価値を考え抜いた、使命感ともいえるミッションが求められています。

価値を思考する際にぜひ念頭に置いてほしいのは、皆さんの**「強み」**です。顧客から見た「強み」を見つけてみてください。マーケティング用語では「シーズ（ビジネれをうまく活用している企業は変化対応力に優れています。

スの種）」ともいいます。自社の強みである特別な技術やアイデアを的確に捉え、そ

■強み（シーズ）をコアに市場を創造する対応力が成功のカギ

ボーダフォン・グループのアフリカ進出は、価値創造の典型的なケースです。新興国への進出は、固定電話のインフラ整備よりも携帯電話のほうが普及の親和性が高いのはわかります。しかし彼らが引き出したウォンツは、携帯電話での通話というニーズを満たしつつも、新たな欲求の掘り起こしでした。

それは、銀行口座を持てない貧しいケニアの人々の間で、携帯電話を使用した「送金システム」を普及させたことです。しかもケニアでは人口約三九〇〇万人のうち、なんと一二〇〇万人近くが携帯電話会社「サファリコム」（ケニア政府とロンドンに拠点を置く英ボーダフォンが六対四の出資比率で設立した合弁会社）のモバイル・バンキング「M－PESA」を利用しているのです。

ケニアは既存の銀行から見れば、「貧困」「少額取引」「現金を持ち歩けないほどの治安の悪さ」という市場でした。彼らも遠く離れた家族や友人にお金を届けたいとい

う欲求はありましたが、貧困であるがゆえに大手銀行には口座を持つことができません。これらの問題すべてを解決できる仕掛け、それがモバイル・バンキングだったのです。

実は二〇〇七年までは、誰もアフリカに決済サービスの大きな市場があることに気づかなかったのです。しかし、既存の銀行が無視したアフリカの貧しい人々でも、彼らのお金も集めると何十億ドルという一大マーケットになるのです。少額ニーズでも大量に集めれば解決できるという金融ロングテールを、ボーダフォンの強み（シーズ）が生み出した良い事例だと思います。彼らは二〇〇六年、日本の携帯電話事業から撤退していますが、世界では約四億三〇〇〇万人（二〇一二年十二月時点）のユーザーを抱えるグローバル企業へと大きく成長しています。

まさに通話だけではなく、場所、環境のニーズを強み（シーズ）で、ウォンツに展開することによって市場創造を果たしたビジネスモデル・イノベーションだといえます。

市場調査会社、インフォーマテレコムズ＆メディア社（Informa Telecoms & Media）では、約十年前にはゼロだったアフリカの携帯電話加入者の数は、二〇一〇年九月に五億六〇〇〇万人に増加し、それが二〇一四年には八億人になると予想しています。今後の携帯電話の普及と、モバイル・バンキングサービスを開始する国が増えることで、こうしたサービスの利用者は急拡大することが考えられ、さらに成長していくことになるでしょう。

自分たちの価値、強み（シーズ）を的確に捉えられれば、価値創造の環境変化や場所の変化が起きたとしても、強みを提供する手段を柔軟に変えていくことができます。まずは仕掛けとしての「価値」と強み（シーズ）を明確にして、その際には、デザインマップに改めて記入してみることをおすすめします。

ビジネスとは、「こちら側」が与えたいモノを提供するのではなく、「あちら側」が欲するものを提供するものなのです。そして、そのために、どの「P」が最もキラー要素になるのか、そのキラーを最大限活かすには他にどんな要素が必要で、どの組み合わせで実現できるかを思考することが大切になります。

さらに、この6Pを使って考えてみれば、ビジネスの生態系にも気がつきます。プロダクトだけに視点が偏ったり、プライスだけに議論を集中化させたり、自社内部だけの視座になったりすることを避け、様々な可能性を探るうえで良いツールになります。生態系とは、複数の産業の境界がなくなり、様々なタイプの企業群が融合しながら新市場の創造をしていく、あたかも「生物の生態系」のようなものです。異なった遺伝子を持つ異質な企業群が協調したり競争したりしながら、その環境が進化していくものです。

■小林製薬は社員をとことんほめる

〝あったらいいな〟という生活者も気づいていない潜在的欲求（ウォンツ）を解決するユニークな商品を次々とヒットさせている小林製薬にも、面白い仕組みがあります。アイデア提案制度によって出されるアイデアは毎年一万五〇〇〇件にもなり、市場性が高いアイデアは平均十三カ月という開発スピードで店頭に並びます。

この脅威のモデルを支えているものは「ほめる文化」にほかなりません。自らが提案した商品が社内にも小売店にも、もちろん顧客にも良い影響を与えたならば、社長から直々に「ホメホメメール」が届く。他にも自らほめてほしい場合には「青い鳥カード」で提案できるし、上司には「見張る」のではなく「見守る」姿勢が貫かれている。この「ほめる」という文化がアイデア創造の誘発につながっていることは間違いありません。

さらに面白いのは、アイデアを出すため、また顧客になりきるために、日曜日の朝から自分のターゲットにしている顧客が来店しそうな店舗に行き、その前で張り込みをする社員までいるそうです。朝からずっと顧客をウォッチし、ターゲット顧客に近いお客様が来たら、その後ろをそっとついて歩き、何を手に取ったのか、何に興味を示しているのか、何を買ったのかということを観察するのです。そうすることによって顧客になったつもりで視点を切り替えることができ、新しいプロダクトの開発やプロモーションの仕組みを考えることができるようになるという、徹底した顧客視点がヒットを多く生み出す原点だとも思っています。

こういった顧客視点を持って、改めてプロダクト、プライス、プレイス、プロモーション、パートナー、そしてポジショニングをつなげてみてください。これら全体をつなげることで価値を届ける、最適な仕組みができあがるのです。

6Pのキラー要素を明確に打ち出して成功したのが、エー・ピーカンパニーです。「自社の漁船直送！　自社の養鶏場直送！」の新鮮食材を安くおいしく楽しめる「塚田農場」や、「四十八漁場」などを展開し、爆発的な人気を誇っています。彼らの仕組みの素晴らしい部分はプロダクトとプレイスとパートナーにキラー要素を持っていることです。他にも産地直送食材を売りにする外食産業はもちろんあります。

しかし、彼らの考えはまったく違います。単なる生産者との連携ではなく、自らが現地に投資をして、養鶏場や加工場、自社の漁船まで創り、地元での雇用も生み出すというように第一次産業に携わってしまう。第一次、二次、三次産業という既存ビジネスの枠組みを取り払った〝生販直結モデル〟がプロダクト（食材）を強くし、プレイス（流通）を最適化し、パートナー（生産者、スタッフ）を強い絆でつなげています。

生産者は「おいしく、安心で、健康に育てよう」という想いになり、スタッフは「大切に育ててくれた食材を、きちんとおいしく提供したい！」という想いになります。そして「食のあるべき姿を追求する」という会社のミッションとそれを実現する「仕組み」が顧客にとっても最高の「価値＝仕掛け」につながっている良い事例だと思います。

ぜひ、皆さんも価値創造の仕掛けとそれを届ける仕組みを思考し、改めてデザインマップで「勝てる構造」を構築していってください。そのためのスキルをこの後、皆さんにお伝えしたいと思います。

Point 4
仕掛けと仕組みで価値の最大化を考えよう!

3 ビジネス創造に必要な五つのスキル

■ビジョン、アイデア、バリューチェーン、コンセプト、プラン

本章では、ビジネスモデルとは何か、仕掛けと仕組みで新しいモデルを創るための思考とツールを紹介してきました。

この後、第Ⅱ章からは、より具体的なスキルをお伝えしたいと思います。顧客の価値を思考し創造する仕掛けと、その価値を提供するためのリソースの最適化を図る仕組みを構築するために、「目的と価値」のWHATと「それを志す背景」WHYの融合を思考することが必要になります。この思考プロセスこそが他社には見えていないか

った山の頂上を創っていく第一歩になります。

ビジネスモデル構築には五つのプロセス&スキルが必要となります。その前段をお伝えして、次の章に移っていきたいと思います。

①ビジョン（目標）：ビジョンとは明確な大きな目標です。目指す頂上を創ったら、そこに行くまでのいくつかの指標を自らが創らなければなりません。高い志と明確な目標があるからこそ、意志強く山を登っていけるものです。このビジョンをいかに構築し達成していくのか。そのスキルを身につけます。ビジネスモデル思考の原点です。

②アイデア（発想力）：もはや過去の延長線上に答えがあるとは限りません。新しい発想、思考をあえて自らに課すことで、これまで見えてこなかった新しいやり方を見出すチカラになります。切れ味のある仕掛けと仕組みを創るアイデアを生み出すスキルを身につけます。ビジネスモデルのレベルを決めるものです。

③バリューチェーン（価値連鎖）：顧客の価値を継続的に高め続け、顧客に選ばれ続ける企業になるために、価値の連鎖を仕組みとして構造化するチカラです。い

かにして価値創造の仕組みを組み合わせれば顧客価値の最大化を図れるのか。顧客価値最大化を実現させるスキルを身につけます。ビジネスモデルを考える際のフレームの基本です。

④コンセプト（本質）：市場や顧客から見た本質を創り上げます。単なるビジネスの概念ではなく、明確なる特徴を打ち出すためのコンセプトメイキングが中心になります。誰にも負けない特徴を創り出すスキルを身につけます。ビジネスモデルをひと言でまとめるものです。

⑤プラン（計画）：そして、最後には創り上げたビジネスモデルをコアに市場で勝ち続けるためのプランを考えていきます。ビジネスに正解はありませんが、一定の計画性を持つことで様々なシナリオを描くことができます。不透明な市場だからこそ、いくつかのシナリオ構築を通じて、重要な実践ポイントでの先回りした意思決定スキルを身につけます。ビジネスモデルの実現の方向性です。

さあ、新しいビジネスモデル構築への扉は開かれました。皆さん自身がちょっとした思考を鍛えて身につけることで、周りの誰もが気がつかなかった新しい世界が開かれるかもしれません。優れたビジネスモデルはちょっとした思考の変化や捉え方の違いからやってきます。

そして、それは単なる「ひらめき」のようなものだけではありません。しっかりと体系立てられたプロセスを通じて、創り上げることが可能なのです。ぜひ、最後までお読みになり、ビジネスモデル構築のためのスキルとマインドを手に入れていただきたいと思います。

Point 5

ビジョン、アイデア、バリューチェーン、コンセプト、プランをつなぐイメージを持とう！

II

ビジョンを描き、アイデアを生む

1 ビジネスモデルの土台は「ビジョン」

1 ビジネスの感度を高く、広く

■アメリカのスーパーの光景

ビジョンづくりは、ビジネス感度づくりから始まります。

「新しいビジネスモデルを創ってほしい」――もし、皆さんが上司からそう言われたら、または、「よし、起業したいから、まずはビジネスモデルを創ろう！」と志したとしたら、皆さんはすぐ創り始めることはできるでしょうか。

実際はとても難しいと思います。ビジネスモデルを創るということは、経営の知識や財務の知識が不可欠になってくると同時に、常に感度を高く広く保ち、アンテナを張り、あらゆる情報を吸収できるように準備しておく必要があるからです。

皆さんは「**ビジネスの感度を高く、広く保つ**」ことを意識したことはありますか。

アメリカに行くと、日本にはないシステムが多くあります。たとえばスーパーの前で、空き缶やペットボトルを一缶・一ボトル五セント（州によって金額は違いますが）で買い取るサービスがあり、そのレシートを持ってスーパーに入ると、そこでお金に換えられる、または買い物で使える、というシステムがあるのです。

皆さんは、アメリカに来てそんなシステムを見たとき、どんなことを感じ、考えますか。リアクションとしては大きく分けて二通りあると思います。

一つは「このシステムは使いやすいなあ」と感じる。もう一つは「このシステムを日本のスーパーと組んで展開できないか」とビジネスにつなげて考える。

一つ目は、ビジネスを探すという感度が高くない場合に持ちがちな考え方です。二つ目は、ビジネスを探すという感度を常に高く保っている人が持ちやすい考え方です。この二つの違いが、「ビジネスを探す感度」を高く保つか保たないかの違いであり、ビジネスモデル作成にも大きく関わってくるのです。

ビジネスに対して感度を高く保ち、アンテナを張り続けている方は、実はビジネスモデルを創るセンスを鍛えていることにもなります。ビジネスセンスがある方は、イノベーティブなアイデアや、ビジネスアイデアが次から次へと浮かんできます。

しかし、多くの人は、その感覚を身につけていません。そして、ビジネスセンスというのは、一生懸命勉強すれば磨かれる、というほど単純なものでもないのです。ビジネスセンスを磨くためには、自分の中でビジネスに対する感度を高く広く保ち、アンテナを張ることを常に意識する必要があります。

では、どういったことを行なえばよいのでしょう。

一つ、誰にでもできる簡単な方法があります。それは、常に質問をすることです。

■RASの仕組みを理解して体のメカニズムを味方にする

1、RASというメカニズムを理解しよう！

「世の中ではどんなビジネスが求められているか」「どんなことが不足しているか」「さらに良くできないか」——この三つの視点から、問題の発見、問題の解決を自然に行なうセンスが身についてきます。そのとき、覚えておきたいことは、「RAS」(Reticular Activating System)です。これは自己啓発の巨匠、アンソニー・ロビンズ氏が講演で話していることで、和訳すると、「自分の意識している情報を収集するシステム」という意味になります。

日常生活で、人は膨大な量の情報を五感から得ています。しかしそれらの情報すべてに意識を持っていくと、頭の中に情報が入りすぎて、パンク状態になってしまいます。

そこで人間の脳は、必要な情報のみを収集する能力を身につけました。そのとき活躍するのがＲＡＳです。このシステムにより自分が意識している情報のみ記憶に残したり、気にしたりできるのです。

2、感度の矛先の違いに気づこう！

ここで、ＲＡＳの意味合いがわかる例を紹介します。

たとえば、車を買いたくて仕方がない状態のＡさんが東京の表参道を歩いていたとしましょう。ここ数カ月、雑誌を読み、インターネットで調べ、車のことばかり考えています。すると表参道を歩いているときでも、どの車種の車が何台走っているか、そういった情報ばかり収集するでしょう。それは「車を買う」というＲＡＳが働いているからです。

では、今度は、Aさんが、彼女がほしくてたまらない状態だとしましょう。ここ数カ月、友人の結婚式や合コンに何度も参加しています。同じ表参道を歩いていても、今度は「車」などに目もくれず、道行く女性に目がいくでしょう。

同じ大通りを歩いていても、自分の「意識＝状態」が違うだけで、見えてくるものや情報は、まったく違ったものになるのです。無意識にではなく、意識的に活用すれば、自然と自分の望む情報が入ってくる状態を創れることになります。

つまり、良いビジネスモデルを創るためには良いビジネスアイデアを常に考える習慣、書籍や情報誌を日ごろから読んでおくことが必要になります。経営に対する感度を高く保つには、有名な経営者の書物を読む、実際に会う、彼らの講義を聞くなどするのも有効です。起業家のようなビジネスアイデアを出すセンスを持ちたい方は、彼らの書物を読んだりイベントに参加するのもRASを活発化することにつながります。ビジネスモデル思考には、ビジネスに対する感度を高く保つことが求められるのです。

ＲＡＳの働き方の違い

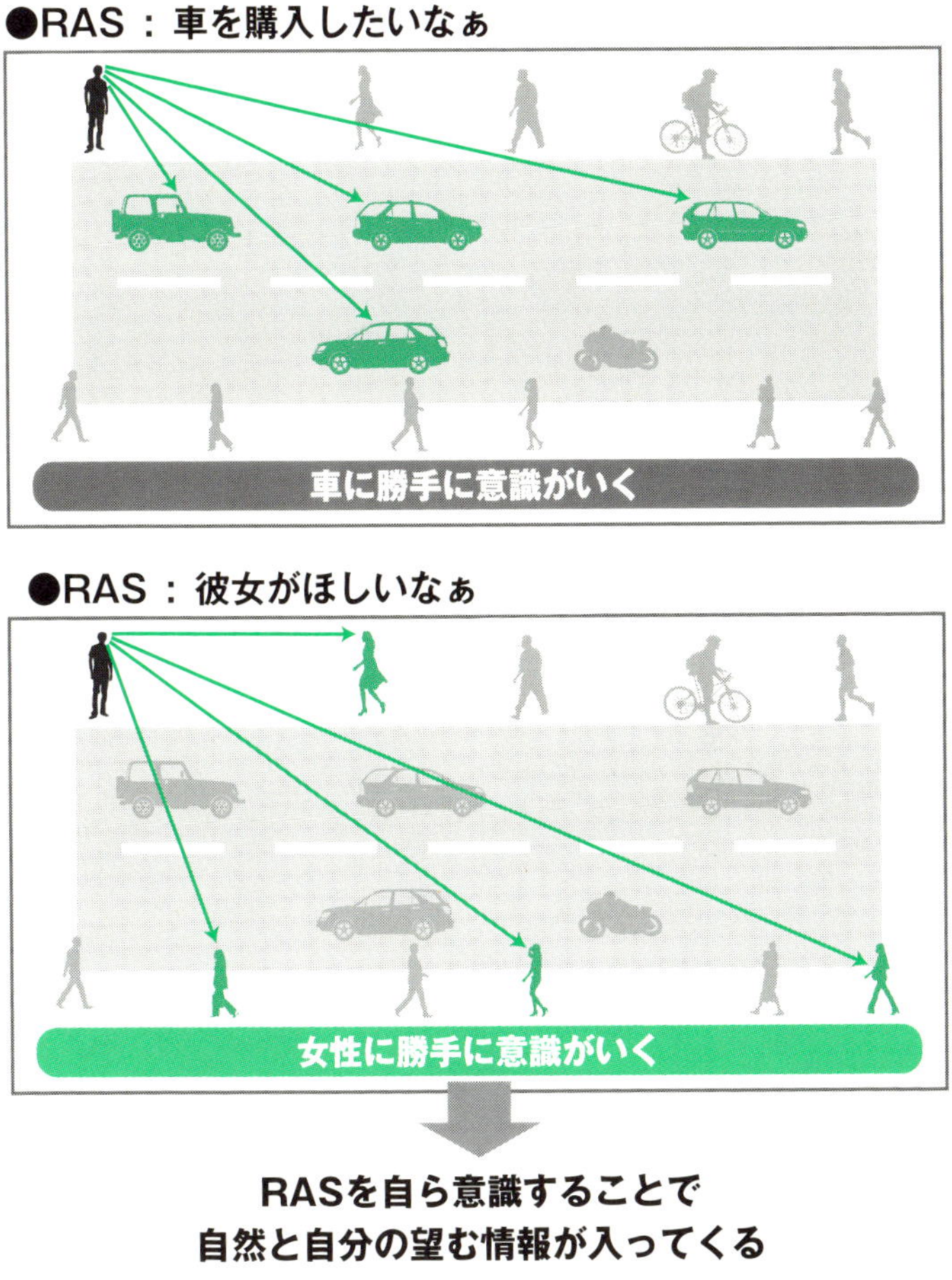
●RAS：車を購入したいなぁ
車に勝手に意識がいく
●RAS：彼女がほしいなぁ
女性に勝手に意識がいく
RASを自ら意識することで
自然と自分の望む情報が入ってくる

3、ビジネス感度を高めよう！

知らず知らずのうちに、ビジネス感度を高めるセンスを磨いていた人もいます。たとえば、幼少のころから父親の商売を手伝っており、経営哲学を日常生活から習得していた方などは良い例かもしれません。

柳井正氏もそのタイプです。父親が経営者でそのセンスや哲学に日常的にふれていました。そして二十代前半で、後を継ぐことになり、実際に経験を積み、哲学を構築していきました。それが今のファーストリテイリングでの活躍につながっているのです。

■ジョブセンス――アルバイト募集の貼り紙から発想する

ただ、早い段階で経営をする環境が整っている方々はそうそういるものではありません。では、柳井氏のような環境を持っていない多くの人が、どのようにセンスを磨き、良いビジネスモデルを作成しているのか。ここで一つ、良い事例をご紹介します。

東証一部上場の最年少記録である二十五歳で上場した注目の経営者、村上太一氏。

彼の人生をたどってみると、ビジネス感度を高く保つことのヒントが見えてきます。

　村上氏は高校時代、母親の教えのもと、ビジネス番組を録画しては毎週毎週見ていたそうです。その習慣を通して彼は経営者ということを意識するようになりました。

また、父親からの教えで、高校時代から株のトレードも始めました。

　父親が「経済の流れを知ってほしい」という想いを持っていたために、高校時代から株を実際に動かしていたそうです。そして、早稲田大学に入るころには、「自分が起業して経営者になる！」という想いを持つようになったそうです。

　この経験を通じて、村上氏のＲＡＳは「経営者＝起業家になる」と設定され、自然とそれに必要な情報・経験を収集していくことになりました。そして早稲田大学在学中に、あるビジネスアイデアを思いつきます。それが今のリブセンスの中核を担うビジネスモデルの「ジョブセンス」です。

　高校時代から、彼は「アルバイト募集中の紙がずっと貼ってあるお店があるなあ」と思っていました。当時はアルバイトを雇うとなると、募集中という紙を店内や店外に貼って、それを見た人に応募してもらうというのが主流でした。当時インターネットでもアルバイトを募集することができましたが、募集案内を一週間載せるだけで、高額な料金がかかりました。アルバイトを採用できてもできなくても広告を出すのに大きなお金がかかる……利用者側からするとリスクがある募集方法だったのです。

そこで高校三年生のとき、村上氏は自分もインターネット広告ビジネスに参入しようと決心しました。そのとき彼は「広告を出稿する企業も、アルバイトに応募する利用者もきちんと満足できるようなサービスを創りたい。本当に顧客の幸せを願うビジネスを創りたい」と思っていたそうです。

彼の人生を劇的に変えた、ジョブセンスは、高校時代から常に収集し吸収した情報に、自分らしさ（想い）を組み合わせることで生まれた、とても魅力あるビジネスモデルでした。**ビジネスモデルを創るためには、まずは自身の感度を高く保ち、ＲＡＳを意識して設定することがとても大事な一歩になるのです。**

Point
6

ビジネスに対する関心を高め、常にＲＡＳを意識しよう！

2 自分は何のために生まれてきたのか

■人生の目的を持とう

ビジネスモデルを考えるうえで、とても助けになる質問があります。この質問に即答できる方は、より良いビジネスモデルを創りやすい状態にいます。

質問：自分の人生を終えるまでに、何を成し遂げたいですか、それはなぜですか。

この質問をビジネスパーソンにすると、「よくわからない」「考えたことさえない」という答えが返ってくることがあります。

それが悪いわけではありませんし、それがないとビジネスモデルを創れないというわけでもありません。ただ、自分の人生の目的がしっかりしている人ほど、より強い想いを持ったビジネスモデルを策定しやすくなります。自分の想いと重なったビジネスモデルほど、高い確率で望む結果を得やすくなるのです。

それでは皆さんに、もう一度質問です。

質問：マーティン・ルーサー・キング・ジュニア、マザー・テレサ、ガンジー、この三人に共通する要素を、一つ考えてみてください。

「カリスマ性」「社会的意義のある活動」「平和主義者」……。しかし何よりも共通しているこことは、自分の人生をかけてでも成し遂げたいミッション（目的）を明確に持っており、それを着実に行動に移したことです。そして彼らの明確なミッションに賛同する人々が一緒になり、より大きなムーブメントを起こしていきました。

■偉人から、自分の人生の使い方を学ぼう

1、自分のミッションを考えよう！

マザー・テレサを例に考えてみましょう。

商人の家に生まれ、何不自由なく暮らしていたマザー・テレサですが、あるときか

ら、路上で息絶えていくホームレスに何かしてあげたい、そういった想いに駆られるようになります。そしてマザー・テレサは、「残りの人生をかけて、一人でも多くの恵まれない方を助ける」というミッションを持ったのです。

ビジネスでも、自分の能力・機会・人脈などを最大限活かし、成功するためには、人生の目的を明確化することが大切になってきます。

2、ミッションとビジョンをつなげよう！

歴史上の成功した経営者、活躍している経営者たちは、自分のミッションをはっきりさせることで、大きな課題にも果敢に挑み、具体的なビジョン（目標）を設定することで、大きな成果を残しています。

実際にビジネスを行なう前段階でビジネスモデルを策定するとき、自分の人生の目的と目標を意識しておくことで、より意志の溢れるビジネスモデルが完成します。

そして自らの意志で包まれたビジネスモデルは人々に伝わりやすく共感を得やすくなり、ビジネスの成功のキーになってくるのです。

■アラビンド眼科病院——理想主義すぎる賭け

皆さんはアラビンド眼科病院をご存じでしょうか。アラビンド眼科病院は、ドクターV（ドクター・ゴビンダッパ・ベンカタスワミー）が一九七六年、彼が五十八歳のときに、インドの南部に開業した眼科病院です。

彼の隠居後の場として開業したその病院は、開院した際には、潤沢な資金も、事業計画も、失敗した際の安全策もありませんでした。そこには「理想主義すぎる賭け」と言われてもおかしくないほどのミッションしかありませんでした。

それは「治せる失明をこの世からなくす」というものでした。

アラビンドのポリシーとしては、「手術代が払えなければ払わなくていい」「病院まで来ることができなければ医師が行く」「貧富にかかわらず高品質な治療を提供する」という通常の経営では考えられないものだったのです。

人は不可能と思われることを実行すると決意したとき、想像力を巡らせて可能性を必死に探します。国民の一二〇〇万人は目が見えず、大多数が一日二ドル以下で生活する国で、彼は視力回復手術の値札を破り捨てて患者の三分の一を無料で治療してきました。どうやって、それを成し遂げたのか。

それは徹底した効率化でした。世界をアッと驚かせたアラビンドのビジネスモデルを成功させたのは、大きく四つのモデル確立でした。

一つ目は、アラビンドの医師の生産性の高さです。アラビンドの医師は高品質の手術を大量にこなしています。一人の眼科医が一年間に担当する白内障手術は平均二〇〇〇件。インド全体の平均は四〇〇件。アメリカでは平均二〇〇件未満。いかに多くの手術をアラビンドの医師がこなしているかよくわかります。

よくある発想だと、こなした手術の数＝給与への評価対象として考えます。より多く行なえば、より多くお金をもらわなければおかしい。そういう考えが成果主義の国からは聞こえてくるかもしれません。

しかしアラビンドの医師は、新米医師から海外の名門大学のフェローまで少し違った考え方を持ちながら彼のもとにやってきます。「この業界で上にいくには、まずは良質な過去をどれだけ持つかということである。その点ではアラビンドは他の病院の三倍の手術数と、ドクターVからつながっているビジョンを共有して働くことの素晴らしさを経験したくてやってくる」というものです。

二つ目は治療のために使うレンズの圧倒的な低コスト生産です。先進国で眼内レンズが白内障手術に革命をもたらした時期に、すべての患者のためにレンズを輸入すると莫大な費用がかかります。そこでアラビンドは国際認定基準を満たすレンズ製造工場を自ら設立したのです。一五〇ドルかかっていた高品質のレンズの価格が一〇ドルになり、これによりインドのみならず、他の途上国の患者にも手が届くようになったのです。その輸出先は一二〇カ国以上にもなり、手術結果の向上にも間接的に貢献しています。アラビンドはこのレンズの輸出を通じてさらに収益を上げました。

三つ目は病院内の業務をプロセスごとに分業化することです。受付から手術までを一〇以上のプロセスに分け、専門職の助手が担当し、他の病院を圧倒する診察と処置の効率化に成功しました。そこでは、目の洗浄や注射を担当する補助員、手術担当の医師、縫合担当の研修医など、それぞれがエキスパートとなっていくことができます。

さらに、いくつかの役職には他の病院では考えられないような権限がついていることも注目すべき点です。たとえば上級看護師の場合は、手術室と患者病棟で起きる出来事の七〇％について判断を下す権限があります。そのことによってやりがいを感じ、仕事が面白くなり、活発な職場環境ができあがるのです。そうしたポジティブエ

世界中どこでも誰に対しても
高品質な白内障治療＆手術を！

「標準化、商品の知名度、アクセスのしやすさ、規模に注目」
ドクターVのビジョンから創り上げた奇跡

病院内の業務を
プロセスごとに分業

受付から手術までを10以上のプロセス に分け、専門職の助手が担当し、他の病院を**圧倒する診察&処置の効率化**に成功

アラビンド地域
眼科医療研究所を設立

アラビンドのモデルを世界に広めるため、研修やコンサルティングプログラムを提供
世界中へ成功モデルの発信が可能に

貧富の差は関係なく、誰にでも高品質＆最先端の
白内障手術を提供する仕組みを
アラビンド（ドクターV）は創り上げた

レンズ製造工場の設立により
超低コストの実現

手術に使う器具を最先端&高品質に維持しながら**圧倒的なコスト削減**に成功

キャンプ

地方の医療が行き届いていない地域での無料治療&手術施行を継続
技術の標準化、信頼性の向上を実現

ナジーが溢れることで、圧倒的な量の患者を診察できるようになったのです。

そして四つ目は南部の村落で年間一四〇〇回ほど行なっている、「アイ・キャンプ」という一日診療会です。訓練を受けた医師や救急専門医が地方のキャンプ場を訪れ、集まった患者たちを診察し、手術あるいは病院での処置が必要な患者を見分けます。個々の患者は、必要であれば親戚一名を伴って病院に来ることができて、通常無料で治療が受けられます。しかも、食事と病院のそばの宿泊施設が提供されるのです。

ＩＴ利用の遠隔医療によって増加しているこのようなプロセスを通して、アラビンドでは年間一六〇〇万人以上の人々の検査を実施することが可能になり、さらに多くの信頼を得ることに成功しています。

こうした四つの圧倒的強みは、それぞれが素晴らしいことですが、それが一体となったときに、さらなる輝きが生まれます。これらはすべて、ドクターＶが途方もないビジョンを持ち、賛同した人たちが起こした奇跡といえるでしょう。世界の著名人の注目を得て、ハーバードビジネスレビューでも不朽のケーススタディとして読み継がれ、ミッションとビジョンを持つ大切さを教えてくれる最も良い事例の一つでしょう。

さらに、実現がとてつもなく難しいことではなく、天才的な才能を持った人、莫大な資金を持った人が行なったビジネスモデルでもないということが注目される所以でもあります。

ぜひ、ビジネスモデルを創る際には、皆さんの人生で成し遂げたいこと、そしてどんなビジョンを立てるのかをまず意識することから始めてほしいと思います。

Point 7　自分の人生のミッションに紐づいたビジョンを持とう！

3　責任と価値を創るという考え方

■使い古されたパッケージを捨てよ

「自分ができることは何か、求められていることは何か、自分にしかできないことは何か」――ビジネスモデルを創るということは、新しい価値を世の中に提供するということです。新しい価値、それは今まで人が得ることのできなかった、新たな価値であればあるほど、受け入れられ、ヒットするのは当然です。

しかし、もしそれが皆すでに持っている価値だったり、使い古された価値をパッケージのみ変えて世の中に提供した場合には、なかなか受け入れられるものではありません。ビジネスモデルを創る際には、自分自身が創る価値について一度考えてみてください。

価値を考える際にとても有効で、かつ、大切になってくることがあります。それが責任です。弊社では、常日ごろから**「責任と価値づくり」**ということをとても大事にしています。コンサルティングの仕事、そして研修の仕事でも、私たちが持っている責任は何か、そしてアウトプットしている価値は何かを常に考えるようにしています。

■自分の責任と価値を考え続ける

1、責任というものを改めて考えよう！

たとえば皆さんが、ビジネスモデルを考えて起業しようとするならば、まず自分には社会に対してどんな責任があるかを考えてみることが有効です。

あなたが、大学を出て企業でエンジニアとして働いているとしましょう。すると、「大学に行った」「企業に入社でき、エンジニアとして経験を積んだ」という事実ができあがります。しかし、逆から捉えてみると、世の中には大学に行くことができなかった、企業に入社することもできなかった、あなたが座った椅子に座れなかった人々が大勢いることに気がつきます。

人は自分の選択によって道を選ぶことができます。しかし、そういった選択すら許されない人々がいることも忘れてはいけません。さらに、自分一人のチカラではなく、周囲の協力があってこその「今」であると考えてみれば、多くの責任を感じることができます。この責任をアウトプットしていくことがあなたの価値につながるのです。

2、責任と価値をつなげて考えてみよう！

あなたが会社の中でビジネスモデルを策定しなければいけないときは、自分にはどういう責任があるのかを考えてみてください。

たとえば、会社が生産している部品は、発展途上国の安価な労働力があって成り立っているかもしれません。それは発展途上国という存在がなければ生産することができません。彼らの存在があってこそ、ビジネスができるのです。経済活動をしているその責任を考えれば、どういった価値を企業として世の中に提供できるのか、考えるきっかけになります。

経済活動は様々な人々の努力と汗により支えられています。また、あなたが存在することで、助けられている人が多くいることも忘れてはいけません。

3、生かされている存在である意識を持とう!

この責任と価値づくりという問題はとても広く、抽象度も高く、そして答えはありません。ただ、「**自分は生かされている存在である**」と認識し、責任を感じながらビジネスモデルを考えるか、そんなことは一切考えずにビジネスモデルを考えるかで、出てくる価値というものの、重さも濃さも変わってくるのは間違いないでしょう。

■マザーハウス――「何か違う」という想い

山口絵理子氏は、マザーハウスというブランドをバングラデシュのダッカで立ち上げて、日本にソーシャルアントレプレナー（社会起業家）の存在を広めた方です。彼女は慶應義塾大学に入学後、国連でインターンシップをするチャンスを得ました。英語もよくわからなかった山口氏ですが、ニューヨークでインターンシップを開始しました。世界の平和と平等を願っている国際組織、国連。そういったイメージを持っていた彼女ですが、実際に働いてみると、多くの疑問が出てきたそうです。

ニューヨークにある国連本部は、とても立派なビルを持ち、ニューヨークの一等地にありました。建物の中は、赤絨毯が敷き詰められており、豪勢なシャンデリアが飾られた内部には、きれいな会議室、オフィスが入っていました。そうした環境で働く職員の方々は、世界中からやってきている優秀な方が多かったそうです。

しかしほとんどの方は実際に現地（支援国）に行ったことがなく、支援国の現状もよくわかっていないまま、パソコンの画面を通じて数字やレポートを基に、支援業務を行なっていたそうです。

「何か違う……。発展途上国の自立、発展途上国の将来、発展途上国の現状、そういったことを深く考え、そして業務にあたっている、そういう感じがあまりしない」と感じ始めていた山口氏は、ある日インターネットで「アジア　最貧国」と検索し、バングラデシュのことを知りました。ベースオブザピラミッド（「Base of the Pyramid」ＢＯＰとも表記される：世界の所得別人口構成の中で、最も収入が低い所得層を指す）の一国であるバングラデシュは年間所得が三〇〇〇ドル以下と、とても貧困な国でした。

山口氏は、「実際に支援国の現状・バングラデシュの現状を見よう」と決意しました。実際に生活してみたことで、山口氏は自分が現在行なっている業務ではなく、もっと他の方法で現地を支援できないか、と考えたそうです。そこで彼女は「バングラデシュに雇用を生み出して、ビジネスの面から経済的支援を行ないたい」と自分自身のミッションを決めました。この時点で山口氏は、先進国が発展途上国に何かできないかという責任を感じ出したのです。その責任から彼女は価値を生み出していきました。

彼女は、四苦八苦しながらも、バングラデシュの国産原料であるジュート（インド麻）を使ったバッグの現地生産に成功しました。そして現在、バッグを日本、台湾などに輸出し、雇用を生み出すことで支援するという彼女の目的は現実のものとなったのです。

山口氏の価値づくりは、それだけでは終わりませんでした。彼女の姿を見た多くの方が、彼女に共鳴し、ソーシャルアントレプレナーとして活躍し出したのです。富を追求するだけの起業とは別に、社会的に価値のあるものを生み出すというマインドに変わっていくムーブメントの火付け役にもなったのです。

前述した通り、人は目的（山の頂上）を決めることで、そこにたどり着くための道のりを必死に考えるようになるのです。そのチカラがビジネスモデルをさらに力強くし、より良いものにしていくのです。

Point 8

自分にしか生み出せない価値は何か、責任は何か、それらを見出すには自分の人生を振り返ることから始める！

4 人をグルグル巻き込む遠心力

■アイデアは一人で、ビジネスはみんなで

ビジネスを起こすとき、一人でできることは限られています。仲間と一緒になってビジネスを行なうことで、大きなことを成し遂げることができるのです。同じ志、想いを持っている者同士が集結すれば、強いチカラを生み出すことは言うまでもありません。

しかし、新しいビジネスアイデアの多くは、一人の頭の中でスタートします。**一人の思考が言葉となり、他の人を惹きつけ、ビジネスとして勢いを増していくのです。**

ＴＥＤ――世界中から選りすぐりの人材がカリフォルニアに集まり、観衆の前で自分のビジネスアイデアやアートやテクノロジーを披露する場所。今やそれがインターネットで無料配信され、日本でも見ることができるようになっています。

ＴＥＤの中でデレク・シヴァーズという男性があるアイデアを披露しました。これが人を巻き込むというリーダーの役割であり、ビジネスが加速する瞬間をうまく捉え

ているので、ここでご紹介したいと思います。

■ムーブメントはリーダーとフォロワーによって引き起こされる

1、共に動く人の心に火をつけよう！

デレク・シヴァーズは、あるビデオを流しました。芝生の上で裸踊りをしている若者が映し出されています。他の人は冷めた目で彼を見ています。しかし彼は周囲の目を気にせずに、音楽に合わせて腰をクネクネさせ、縦横無尽に踊りまくっています。

するとと他の若者二人が悪ふざけのつもりで彼に加わり、一緒に踊り出します。デレクは言います。「二人のフォロワーが一人のくだらないやつを、リーダーに変える瞬間だ。一人だけだとくだらない。しかし三人集まればニュースになる」。

一分もしないうちに、踊り続ける三人にさらに五人の若者が参加するのです。その数は一人、また一人と増え、数分後には十数人になっていきます。今度はそれを見て誰もが「我先に」という気持ちになり、自分も踊りたいと中心に飛び込んでいき、五分後にはものすごい数の人が踊りに夢中になっていったのです。

2、自分を信じて、やり続けよう！

このように自分一人ではできないことも数人のフォロワーを持つことで、遠心力的に大きな力をつけてムーブメントを起こしていくことは、ビジネスモデルを策定する瞬間から始まっています。ムーブメントが起こる前にやめてしまうことも多くあります。しかし、それは周囲を上手に巻き込めていないだけなのかもしれません。重要なのは、自分を信じて、諦めることなく踊り続ける勇気が必要だということです。

3、ムーブメントの心理を知ろう！

「みんな」という言葉があります。「みんなが言っている」「みんなが踊っている」というときの「みんな」です。実はこの「みんな」には「定数」があります。

社会心理学者のソロモン・E・アッシュが提唱したもので、集団の中で「何人」がまとまって同じ意見を述べると他の人が「その流れに乗ろうとするのか」、実験を繰り返し突き止めました。集団圧力ともいわれる考え方ですが、これは「三人」なのです。

一〇人いても、二〇人いても、個人が感じる「みんな」は「三人」と変わらないそうです。三人が同じことを言うと、他の人は「バンドワゴン・シンドローム（乗り遅れまい症候群）」になり、自分だけが蚊帳の外という状況を恐れる心理が働くのです。

皆さんの周囲でもよくあるシーン――エレベーターの中、二人で乗ってくる人はそれほど大きな声で話をしていません。しかし、三人で乗ってくる人々は大抵大きな声で話をしてしまいます。ムーブメントが起きている証拠なのです。

自ら行動を起こす際には、この「三人」の法則を知っているとよいでしょう。

■富士宮やきそば学会――B級グルメグランプリ誕生秘話

B級グルメグランプリ――実はあれも一人の男性の頭の中から始まったことなのです。渡邉英彦氏は二〇〇〇年、東京から富士宮に帰ってきて、何とかシャッター街の富士宮の町おこしをしたいと感じていました。

そこで、やきそばを通じて町おこしをしようと志したのです。富士宮のどこにでもあるやきそばを使って、まず行なったのは「富士宮やきそば学会」を結成したことでした。

一見奇妙なアイデアにも聞こえますが、渡邉氏は真剣でした。そして彼が行なった次の行動は、やきそばＧ麺を結成したことです。富士宮やきそば学会のメンバーと一緒に富士宮中のやきそば店をめぐり、食べ、そして詳細に店の情報から味の情報までをリサーチしました。それを一枚のマップにして「富士宮やきそばマップ」を作成したのです。

やきそばＧ麺を創ったことでメディアから取材が殺到し、その数は一年間で一七五回にものぼりました。マスメディアを巻き込んだ渡邉氏は、次は行政をも巻き込んだのです。焼うどん発祥の地の小倉焼うどんとの味対決を仕掛けました。そのために富士宮市長に必勝祈願を書いてもらい、一大イベントに仕立てあげました。結果テレビでも大々的に放映され、一気に人の興味を引くまでになりました。

さらに渡邉氏は東京からのバスツアーを組み、富士宮へやきそばを食べにくるツアーまで創り上げ、ビジネスも巻き込み六六四億円の経済効果をもたらしたのです。「同じ悩みを持った町おこしの団体が一緒になれば楽しいじゃないか」と思った渡邉氏は、他の町おこし団体を巻き込み、ご当地Ｂ級グルメグランプリを開催するまでになりました。優勝した地域は年間三〇億円近くの経済効果を得るまでになりました。

皆さんもビジネスモデルを創るときから、「人を巻き込む」「共に動く人の心に火をつける」ということをぜひ、意識してみてください。

Point 9

自分一人ではなく周りの人を巻き込むことで、さらなる高みを目指すことができる！

5 小さな失敗は大きく楽しもう

■光らないという発見

トーマス・エジソンは「私は失敗したことがない。あるのは、電球が光らないという発見を二万回しただけだ」と言いました。人が見れば失敗と映ることでも、エジソンは「光らないという発見」という捉え方をしています。

ビジネスモデルを策定している段階でも、実際に資金を得てビジネスを動かしている段階でも、多くの困難が伴います。

皆さんは自分がもし、困難な状況にあるとき、どんなメンタルを持ち、その場に挑むでしょうか。弱気になってしまうかもしれません。あるいは強気で挑戦をし続けるかもしれません。ただ、人間は誰しも、一時期ものすごく、打たれ強く、そして絶対に諦めずに決めた目標、難題といえる目標を達成する時期があるのです。

■人生で一番打たれ強いときを知る

1、生まれながらにして持っている「マスターする法則」を蘇らそう！

人生で一番打たれ強く絶対に諦めないマインドを持っているのは、赤ちゃんのときです。赤ちゃんはものすごく根気強い。この世のすべての赤ちゃんが、転んでも立ち上がり、また歩き出そうとして転び、でも立ち上がり、そして立って歩くということをマスターしていきます。**失敗しても立ち上がり、そしてまた挑戦する、成功するまでやり続けるその姿は、人間の本能なのかもしれません。**

実は赤ちゃんのころから私たちはこの「マスターする法則」を行なってきました。

しかし、大人になるにつれて、新しいことに挑戦することも、持続させることも、成功するまでやり続けることも少なくなってしまいます。変化を恐れるようになり、さらには常に変化するこの世の中で、安定や確実性を求めたりするのです。

2、これまでにチャレンジしたこと、諦めてしまったことを洗い出そう！

皆さん、一度ご自身の人生を振り返って、自分が過去にしてきた挑戦、そしてその結末もしっかり書き出して、自己認識してみてください。

自分の生き方はチャレンジングだったか。失敗も挫折も乗り越えてきたのか。チャレンジしたが、諦めてしまったことはないか。それはどういう理由だったのか。ビジネスモデルを創る前の、メンタルスタンスを一度整理しておきましょう。

そして、今の自分が過去の自分にアドバイスできるなら、どんなことをアドバイスしますか。その挑戦・試みをうまくいかせるためのアドバイスをできるだけ具体的に書いてみてください。失敗は必ずあります。それをどのようにポジティブに捉え、目標を見据えて前に進めるか。そこにビジネスモデルを成功させる秘訣があるのです。

■パイロットコーポレーション――苦節三十年、完成したボールペン

一つ、失敗を乗り越えて成功したある企業の事例をご紹介したいと思います。皆さんはフリクションボールペンをご存じですか。パイロットコーポレーションが二〇〇六年に販売開始した、消せるボールペンです。発売以降ぐんぐん売上を伸ばし、二〇一二年末全国スーパーボールペン売れ筋ランキングで、上位二〇商品中一六品をフリクションのボールペンが独占しました。こうした背景から日経ＰＯＳ情報サービスは、フリクションボールペンを「今最も売れているボールペン」と評価しています。

実はこのフリクションは、最初はフランスエリアをターゲットにしていました。フランスでは万年筆の文化が小学校のころからあるため、大きな広告を打たなくても口コミでどんどん広がり売れていきました。フランスでは今までで八〇〇〇万本以上も売れているそうです。

この世界で爆発的に売れたペンの核となる技術は、消えるインクです。六五度でインクの色が消え、マイナス二〇度以下になるとまた戻る特性を持ったインクの開発に、二十年以上を費やし、フリクションボールペンの完成までに三十年近くかかっていたのです。

普通の企業なら途中で諦めてしまうかもしれません。しかしパイロットは違いました。彼らは必ず商品化にこぎつけるというビジョンを持っていました。そして元社長も、いつか必ずこれが商品につながる、とビジョンを語っていたのです。

開発者が現場目線で実現を信じきる、そしてトップもこの商品によってお客様も喜び、売上は必ずついてくると信じる――それほどまでに信じ込むことが要素として大切になるのです。ビジネスモデルを創る段階から、どれほどの想いを持つか、自分を、そして策定中のビジネスを信じているか、たとえ失敗をしたとしても何度でも起き上がるくらいの根気を初めから持っているか、そういったことが、とても大切なことなのです。

このミッションとビジョンは、ビジネスモデル・デザインマップを創り上げる際に、常に意識をしていただきたい大前提となるものです。市場を意識して、顧客を見つめ、価値を思考し続けてください。

Point 10
たとえ失敗しても決して諦めないという信念を持とう！

2 アイデアを生み出す

1 アイデアを生み出す発想力の鍛え方

■漁師の料理が「高級料理」になるまで

ブイヤベースというスープ料理を聞いたことはありますか?

この料理は世界三大スープといわれる、高級料理の一つになっています。

では、この高級料理はもともと国王級の人が食べていた料理だったのでしょうか?

答えはNOです。海鮮を豊富に使った料理で、ブイヤベース憲章という作り方や使う材料まで規定されているほど規律正しい高級料理に現在はなっていますが、もともとはマルセイユの漁師が売れない魚を煮込んだものでした。売れない魚で創った「仕方なしの料理」と捉えられたままなら、世界三大スープにはならなかったでしょう。

しかし、誰かがその料理に工夫を凝らせばもっとおいしい料理となる、もっと多くの人に食べてもらいたい料理だ、と感じたからこそ各国に伝わり、各国各地でローカライズされているのです（日本では海鮮鍋的なメニューになっています）。

このようにアイデアというものは、同じものを見ていても、捉え方の違いによって生まれることが多くあるものなのです。

■当たり前を否定し、代替案を考える

1、現状を認知する要素を出して、逆を思考しよう！

「フランス料理とは高級料理である」という捉え方を見ていきましょう。なぜ「フランス料理＝高級」と認識されているのか、ということの要素出しをしてみます。

・なぜ値段は高額なのだろうか？
・なぜ店舗の雰囲気は静かで落ち着いているのだろうか？
・なぜ食べるのに二時間もかかるような、回転率の悪いサーブをするのだろうか？

このように物事を疑ってみると、何か別の捉え方が見えてきませんか？

・なぜ手ごろな価格で提供できないのか？
・なぜ気軽に入れる居酒屋のような雰囲気の店がないのだろうか？
・なぜ普段の食事と同じくらいの時間で食べられる、回転率の良い店がないのか？

このように捉え、これらの問いに答えたのが「俺のフレンチ」という立食スタイルのフランス料理レストランです。「俺のフレンチ」は材料やコックの腕は一流フレンチレストラン並みで、材料にも非常にこだわって仕入れから加工まで行なっています。

「俺のフレンチ」のこだわりを見てみましょう。

・こだわりの材料を一流シェフが調理しているのに、手ごろな価格で提供する
・飲食スペースは基本的に立ち席で気軽に入れるおしゃれなバーのような雰囲気である

・短時間で提供するための工夫を凝らし、注文を受けてから提供まで十分前後である

このように既存の物事の捉え方を疑うことによって新しい価値、顧客を創造し、さらにはフランス料理という文化を広げる役割まで果たしています。まさに、**「顧客価値を変える思考」**だといえるでしょう。

2、向こう側から自分たちを眺めてみよう！

富士フイルムは、会社の事業の捉え方を今までとは大きく変え、自社のリソースの使い方をうまく変えてビジネスドメインまで変えてしまった、非常に良い例です。

カメラの急激なデジタル化でマーケットが激変し、二〇〇〇年まで利益の六割を稼ぎ出していた事業が、十年で売上の一％にまで縮小してしまったのです。そんな激変の中で、米コダック社は破綻し、富士フイルムは逆に進化しています。

実は富士フイルムでも、コダック社とまったく同じ議論がされていました。

・同じ会社内でフィルムカメラかデジタルカメラかでリソースを取り合っている
・写真を撮りたいという同じ顧客を取り合っている
・消費財としてのフィルムが不要なデジタルカメラへの切り替えは急がなくてよい

このように社内競合として既存勢力に逆らう立場と捉えられていました。これらの捉え方は、企業の視点から見れば「当たり前」な捉え方であるといえます。

しかし富士フイルムは、これに対してマーケットの変化への対応という角度から捉える視点を持ちました。顧客から見れば、

・フィルムかデジタルかというツールとしてのカメラ自体の選択肢が増える
・現像して楽しむか、その場ですぐに楽しむか、楽しみ方の時間軸が選択できる
・本格的に撮影するか、気軽に撮影するか、用途に応じた選択肢が増える

といった「新しい楽しみの増加」という捉え方ができるようになります。

富士フイルムが見た風景は、この風景だったのです。

さらに、デジタル化の波を受け、彼らはフィルム事業で培った「コア技術」を活用した戦える分野を洗い出しました。コア技術の横展開イノベーションとでも呼べるビジネスモデルへの変革を成し遂げたのです。つまり、写真フィルム事業を通じて培ったナノ化技術、微粒子コントロール技術、画像診断技術などのコア技術を、高機能材料、化粧品、メディカルシステムなどの分野に対して経営資源を集中的に投下したのです。

時代の流れを捉え、コア事業の製品と持ち合わせている技術で未来を捉えた富士フイルムは新しいビジネス風景を描き出し、実践している代表例といえるでしょう。

3、「別の捉え方が必ずある!」と自分に言い聞かせよう!

常に「物事の別の捉え方があるのではないか?」と考えてみることが重要です。たとえば、「常識」を逆の捉え方をすることで差別化につながったり、コアとなる事業がより輝いたりするものです。

この思考は日常業務の中でも大いに活用することができます。人によって物事の捉え方に違いがあるということが大前提なのです。想いを伝える際には、社内の人に対してはもちろん、社外や顧客となれば、なおさら意識したいことです。

日々、別の捉え方を意識することにより、視点が上がり、物事に対して今までと違う認識ができるようになってきます。**目の前にある常識、当たり前を否定したからこそ生まれる価値も多いのです。**

Point 11

「当たり前」だと思っていることを否定してみよう！

2 「そのままのあなた」ではダメ

■誰かの頭になりきる——アスクル成功のカギ

自分のありたい姿に近い人、あこがれの人、すごいと常に感じてしまう人など、こんな人になりたいなと、今まで思ったことはないでしょうか？

今は手が届かないような人でも構いません。今の自分ではない、これからなりたい自分の理想像でも構いません。そういう「自分ではない人」になったつもりで考えてみましょう。**新しいアイデアを発想しビジネスに活かすには、このような自分ではない他人になりきって考えてみる、感じてみるのが大切なポイントです。**

会社で文具の発注をしたことがある人であれば多くの方が知っているアスクルは、「他人の頭になりきる」ことで新しいアイデアをカタチにしました。今はカタログ販売の大手ですが、以前はプラスという文具メーカーの販売部門でした。販売部門として顧客と接する中で、以下のような質問や要望を顧客から受けていたそうです。

・他にこんな商品はないか？
・他社の製品も扱ってもらえないか？
・ほしいと思う商品がカタログに載っていないのだが……

通常であれば、「カタログを充実させるために必要な商品を検討してみよう」「ニーズに合った商品を弊社も開発しよう」「競合をまねた商品を弊社も出そう」という発想になってしまいがちです。ところが、プラスが取った動きは違っていました。

・流通業なのだからプラス以外の商品を扱うのは当然だ！
・お客様のご要望に全力で応えることをやろう！

という発想になったのです。これは、完全に顧客の「頭になりきった」からこそできた決断だといえます。顧客になりきって求めることを実現するために、販売部門を分社化してアスクルとして独立したのです。

顧客から質問を受けて「できません」「ありません」と回答をするのは簡単です。もしくは意見の件数が多ければその質問を開発部門に届けたり、社内会議で共有したりするならまだよくある話です。ですが、分社独立という判断は、顧客の頭になりきらなければ出てこなかったものです。

さらに今では、ヤフーと提携し、ＬＯＨＡＣＯを展開しています。今までのサービスと、決済の利便性を加えたサービスを提供しています。これも、顧客の頭になりきってより良いサービスを提供するための動きといえるでしょう。

■誰かの頭と自分の頭を入れ替える

すぐ取り組めるように、順を追って説明していきます。読みながら一緒に体験してみましょう。できれば邪魔の入らない、静かなところで一人でやってみてください。

①その人はどんな人か？　すごいと思う特徴は何か？　思い浮かべてみてください。

もし自分が○○だったら

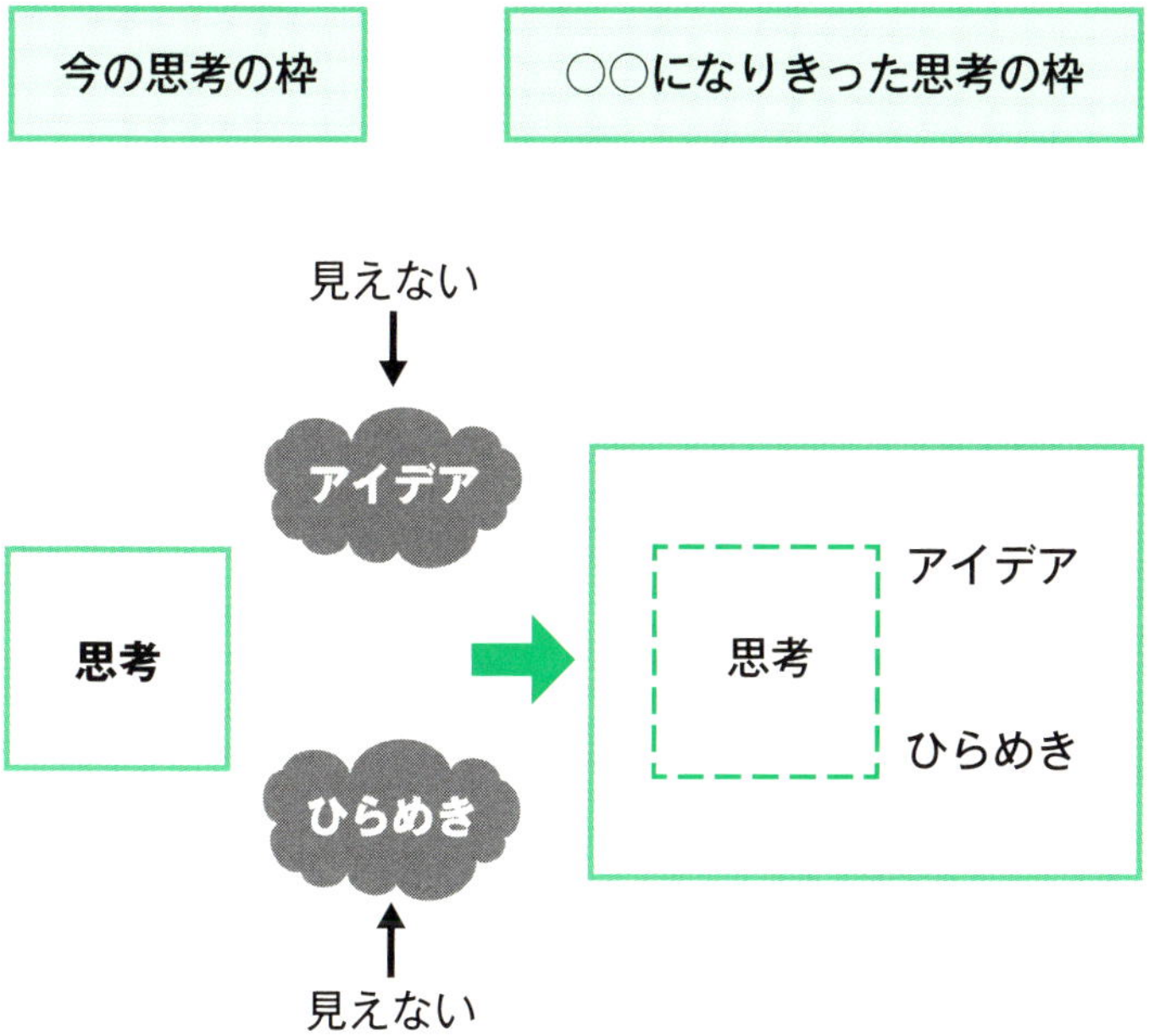

思考の枠が大きくなって今まで見えていなかった範囲まで見えるようになる。
そうすることで新しいアイデアやひらめきが見えるようになる。

②その人になりきってください。どのような姿勢、目線、態度でしょうか。
③なりきった自分に、今解決したい問題やほしいアドバイスを求めてみてください。

たとえば、「目標を達成した後の自分」「社員を大切にするグローバルカンパニーの会社社長」「エジソン」「オバマ大統領」になりきった自分に聞いてみるのです。「出る杭」になりそうなアイデアでも構いません。自分が驚くような、そんなのあり得ないと思える突拍子のないアイデアでもいいのです。**現状のスパイラルやレールから外れてみることが、今まさに求められているのです。**今までの考え方の枠を超えないと解決が難しい問題が多く存在しています。

他の誰かになりきって、視点を変えたり、視野を変えたり、視座を変えて、物事を見る角度、範囲、距離など位置関係を変えることにより、今まで気がつかなかった思考の枠、アイデア、全体像が見えるきっかけを自ら創ることができるのです。

■インディテックス——営業利益率一四・五％の秘密

ファストファッションブランドＺＡＲＡを展開しているスペインのインディテック

ス。この会社は、二〇一二年度の営業利益率が一四・五％とH＆MやGAPの倍以上、ユニクロを運営しているファーストリテイリングの一三・六％より高い利益率を誇っています。どのような違いがこのような結果につながっているのでしょうか？

・商品サイクルが早く、デザインから出荷まで二週間

・一店舗で売れるだけの商品点数を入荷する。そのため一期一会《いちごいちえ》の服が多い

・八五％は定価販売。値引きをして旬に売りきることが多い業界平均六割を上回る

という大きな特徴があり、新しいものが好きで、他人と同じ服を着たくない、というファッション意識の高い女性目線でのマーケティング戦略といえます。

さらに、高速回転で商品開発を行なえるシステムを創り上げている点がインディテックスの強さの根源です。だからこそ、在庫が少なく、一期一会であっても、また新しいデザインの服が入ってくるという期待を持ってもらえるのです。在庫がないことが不満ではなく、次に出合える新しいデザインに期待する顧客も多いことでしょう。

そして、一期一会が良いユーザー体験として受け入れられているからこそ、八五％

が定価販売、そして営業利益率が一五％近くという結果に結びついているのです。

ファッションを「創る＆売る」という「企業の頭」を根底から覆し、ファッションを「買う＆着る」ということを楽しむ「お客の頭」になりきることで創られた素晴らしいビジネスアイデアだといえます。

Point 12

誰かになりきって、思考の枠を外し、アイデアの幅を広げよう！

3 問題を創造しよう

■「ハッ」と気づく、その感覚

マーケットを創り出す方法は三つあります。

①今ある商品やサービスに機能を追加したりして改良し、新しいニーズを生む。
②あったらいいなとは思うが、まだニーズになっていないものを創り出す。
③新しい問題を創り出して、新しい解決策になる商品やサービスを創り出す。

この三つの中で、一番インパクトがあるのはどれでしょうか？

一つ目の「今ある商品を改良する」は、日本の企業の得意とする分野です。今あるものをより良くすることで、新しいマーケットを築いたのは確かです。

しかし、多くの企業がそれをやり続けてしまい、オーバースペックな商品開発を進めてしまった例も多く見受けられます。たとえば画質にこだわりすぎたゲーム機、多くのメーカーが高画質高機能を求めすぎたカーナビゲーションシステムなどが代表例です。

二つ目の「あったらいいな」を商品にするのは、ウォンツをベースに商品開発をする方法です。発売当時のマーケットは小さいことが多いのですが、ウォンツにユーザーが気づけばマーケットは拡大していきます。小林製薬がその代表例です。

三つ目は、新しい問題を創り出して解決策になる商品を生む方法です。これは、今まで皆が「そういうものだ」と思っていたことに関して新しい解決策を提示する、提案型、市場創造型の方法です。言われて「ハッ」と気づくような経験をしたことはないでしょうか？　まさにそのような感覚を味わえる提案が必要なのです。

大きな変革としては新しいスマートフォンの出現を例に取るとわかりやすいでしょ

う。小さなキーボードが並んだ入力部分、以前まではそういうものだと思い込み、自分をデバイスに適応させて使っていた方が多いのではないでしょうか。

この部分を問題として捉え、解決策を創り出し、提案したのが、アップルのｉＰｈｏｎｅでした。スマートフォンのキーボード自体が問題だと主張し、ソフトキーボードのスマートフォンを開発しました。

その後どうなったかは誰もが知っての通りです。スマートフォンからキーボードをなくしたタイプが様々なメーカーから発売されました。問題の解決策として提案した内容に多くのユーザーが賛同し、新しいスマートフォンマーケットが生まれたのです。

このように問題と捉えるべき問題を自ら創り出せば、新しい製品やサービスを創り出し、新しいマーケットを創造することができるのです。

■遠くかけ離れた「当たり前」を結んでみる

1、まったく関係のないと思えるものを無理やりにでもつなげてみよう！

まったく新しい視点で問題を創り出すには、どうしたらよいのでしょうか。まったく制限がない状態で自分の中の当たり前を疑ってみる、まったく関係のない異業種のフィールドに別業界の技術や商品を掛け合わせてみる、といった方法が有効です。たとえるなら、『爆笑　大日本アカン警察』（フジテレビ）のアカン飯のように、思いもよらない組み合わせが意外とおいしい、というようなものです。

異業種を掛け合わせた例は、ファストフードとコーヒーショップで、マックカフェを展開している日本マクドナルドです。以前は、コーヒーショップとファストフードは直接の競合関係ではありませんでした。

今では当たり前ですが、パソコンやスマートフォンなどのデジタルデバイスを使って、本を読んだり音楽を聞いたりすること――これは出版業界や音楽業界を掛け合わせたビジネスです。以前はこのデジタルデバイス業界と出版業界や音楽業界は競合ではありませんでした。

こうした、出版や音楽業界とデジタルデバイスメーカーのように、異業種同士の掛け合わせによる異業種への事業展開の場合、ユーザーにとって解決できる問題が今までと違う切り口で出てくるため、参入された側からは大きな脅威になることもあり得ます。事実、アマゾンの台頭によりアメリカ最大級のブックストアチェーンは破産しました。このように業界全体に脅威を与えかねないのが問題創造型のマーケット形成です。

2、ちょっとでも我慢していることはないか考えよう！

この遠く離れた「当たり前」は至るところに存在します。

ホテルマンにしてみればホスピタリティも、銀行員にしてみれば「当たり前」であった「当たり前」ではないなんてことはたくさんあります。

ここに目を付けたのが「スルガ銀行」です。スルガ銀行は徹底的に個人顧客にフォーカスして、サービスカンパニーを目指しました。他行がお金を貸したくない人を対象とした、他行にはないローンサービスを創り個人に提供しています。さらには通常のサービス業であれば当たり前であった土日営業も、銀行に取り入れ常識を覆しています。彼らのビジョンは「銀行からコンシェルジュへ」というものです。

ちょっとした我慢を当たり前とはせずに、「こうすればいいのに！」と、どんどん他から取り入れてしまいましょう。今、あなたが見ている世界は、まったく違う国の人が見ても「当たり前」なのでしょうか？　この勝手に思い込んでいる「当たり前」を探してみると、新たなアイデアが生まれるかもしれません。**あえて、自分の業界の「よそ者」になってみてください。**

■グーグル――自動車業界を揺るがす!?

異業種から異業種への驚異的参入の例を見ていきましょう。皆さんご存じのグーグルの自動車向けＯＳ（グーグルはＲＯＳ〈ロボットＯＳ〉と呼んでいる）への参入事例です。

グーグルはモバイル端末向けに、アンドロイドというモバイル向けＯＳを開発し、今やモバイル端末でのシェアは六八・八％を占め、二位のアップルのｉＯＳの一八・八％と大きく差を広げて、業界に対して大きな影響を及ぼす規模になっています。もちろん無料でソースコードを公開したからこそ、ここまでのシェアになっています。そしてこれだけの規模から、ＯＳとしての基幹データを得られるようになったのです。

これだけ幅広く得られた基幹データがあるのですから、他の用途向けＯＳ開発への十分な足がかりを持っているということでもあります。

事実、トヨタ自動車が認めるほどの高い技術を使ってアメリカの公道での自動車用OSのテストを繰り返しています。グーグルの強みとしてあるのはOSだけではありません。グーグルマップや位置情報を処理する技術などすでに持っている高度な技術の強みと、このOSは高い親和性を持ち合わせているのです。

これらをもってグーグルは何をしようとしているのでしょうか？　それは、車自体を制御しようとしているのです。単に車のシステムではなく車全体を制御しようとしているのです。つまり、未来形の車、センシング技術やGPSを駆使して、安全に周りの環境を認識しながらまったくの無人で運転し、目的地を目指す技術です。

これがどのような問題を創造するのでしょうか？　それは、トヨタを含め自動車メーカーが本気で自動車OSに取り組まないといけない状況を創り出したのです。いわば、自動車のスマートフォン化です。つまり、ハードに対する付加価値が著しく低下し、制御するシステムの付加価値が上がり、市場構造自体が変わってしまうことを自動車メーカーは危惧せざるを得ません。

それはまさに、今のアンドロイドOSのスマートフォンのように、誰もがモジュール化（部品を組み合わせたパーツ）された部品を買ってくれば、自作パソコンを創ることができるかのように、車さえ創れるようになってしまうマーケットに変わる可能性があるのです。

もちろんすぐにということではないですが、業界全体がひっくり返ってしまうほどのインパクトがあるのは間違いないでしょう。

これは、ビジネスの前提となっていた**「プラットフォームを変える思考」**になります。

Point 13
問題を創造することで新しいマーケットを自ら創造しよう！

4 結果で捉えずに、根本原因を探ろう

■サムスン、「まねる」からその先へ

結果を見て、満足する、あるいは諦める。なぜ良かったのだろう、あるいは、なぜ

悪かったのだろうと考える。このように結果に対しては二通りの捉え方があります。捉える深さにも違いがあります。木にたとえれば、葉を見て判断する人と、幹やさらに根まで見て判断する人ということになります。

以前より社会が複雑化している現状では過去の成功例や失敗経験だけでは判断ができなくなっています。成功と失敗の根本に何があるのだろうかと、深く考えなければならない時代に私たちはいるのです。事実として、景気が悪くても成功している会社もあれば、倒産している会社もあるのです。倒産した企業の多くが結果だけを見て、根本原因を探らず、次の対策や行動を取っていなかったのではないでしょうか。

たとえば、経営の舵取りが評価され、『週刊東洋経済』（二〇一三年二月二日号）でも特集されていた日立製作所は景気が悪い中でも利益を出している製造業の代表格です。その利益率は四・三％（二〇一二年三月期）でした。

それに対して、同じ製造業で一五％（二〇一二年十二月期）という四倍近い利益率を出す企業があります。それがサムスン電子です。もちろん業態がまったく同じではないため単純比較はできませんが、日本での一般的な製造業の利益率が五％以下という中、一五％以上をたたき出しているというのは驚異的です。

サムスンは他社商品をまねることから始め、技術を買い、エンジニアを高額でヘッドハントして技術を教わり、大きくなりました。それだけではなく、以下の要素を束ねてよりブランド価値を上げ、二〇一二年にはトヨタを抜いて、世界の企業のブランド価値ランキング九位にランクインしました。ちなみに八位はインテルでした。

・素早い経営判断ができる経営体制と元来持っているグローバル思考
・商品や技術の良いところをまねるノウハウ
・商品デザインセンターを世界主要拠点に設置
・徹底した海外各拠点でのローカル化、現地に合った適正品質化と機能の絞り込み
・製品部品のモジュール化によるコストダウンと組み立ておよび開発の利便化

これらサムスンの強みがお互いに影響しあい、価値を最大化しているのです。

つまりサムスンは多少手荒な方法が批判されることもありますが、それらの手段を使って急成長できるリソースと社内のシステムをバランス良く構築したからこそ、このような高利益率、そしてグローバルに勝負できる会社になれたといえるでしょう。

収益が上がり、売上が伸びているという結果だけではなく、今後の市場も見て素早い経営判断をしているバランス感覚も高収益性の秘訣です。

その代表的事例が、**「ビジネスの中心を意図的に変える」**戦略にあるといえます。以前サムスンは電子部品で売上の多くを構成していました。しかし、今後は電子部品の需要は高まるが単価は下がる、付加価値はある程度限界がきていると判断しました。

技術の高度化や、製品の高密度化などの開発にはお金が必要かつ、時間もかかり設備の更新も必要となります。かといって、投資をしないと他社に差をつけられてしまう業界という状況にぶつかっていました。

そこで取った経営判断が今のサムスンの飛躍につながります。経営判断として、コア部品にのみに集中投資をすることにしたのです。そして結果的には、売上の六〇%以上を集中投資した分野が占めるまでに成長したのです。

しかし、マーケットは変化し続けています。次にチカラをさらに入れたのは携帯電話事業でした。自社製有機ＥＬディスプレーを搭載し、自前の電子部品をふんだんに使った製品が世界シェア№１になりました。それが、ギャラクシーです。最近ギャラクシーSⅢを発表し、ユーザー体験により力を入れています。

つまり、結果だけに満足せず、積極的に投資や開発を行ない、強みを自ら創り出し、複数の強みでビジネス構造を固め、そう簡単にはまねできない強い体制を築いたのです。そうすることにより根本原因となる弱みを排除したケースといえます。

■あえて「なぜ」を問う時間を創ろう！

何らかの結果が出たら、振り返りをする時間を強制的に創ってみることです。
①何が良くてこうなったのか、何が悪くてこうなったのか。
②この結果につながった強み、弱みは何か。
③さらに良くするには他に方法がないか。
結果が出たときにすぐ振り返らないと、次につなげられる気づきは通り過ぎてしまうものです。振り返らないと忘れてしまうようなものが重要なのです。

一九七七年にNECの小林宏治氏が語ったC&C（Computer & Communication）という素晴らしいロードマップがあります。それは将来のサーバーと半導体チップとネットワークの未来予想でした。その後、それと現状の振り返りをしっかりしていた

結果で捉えない、根本原因を探ろう

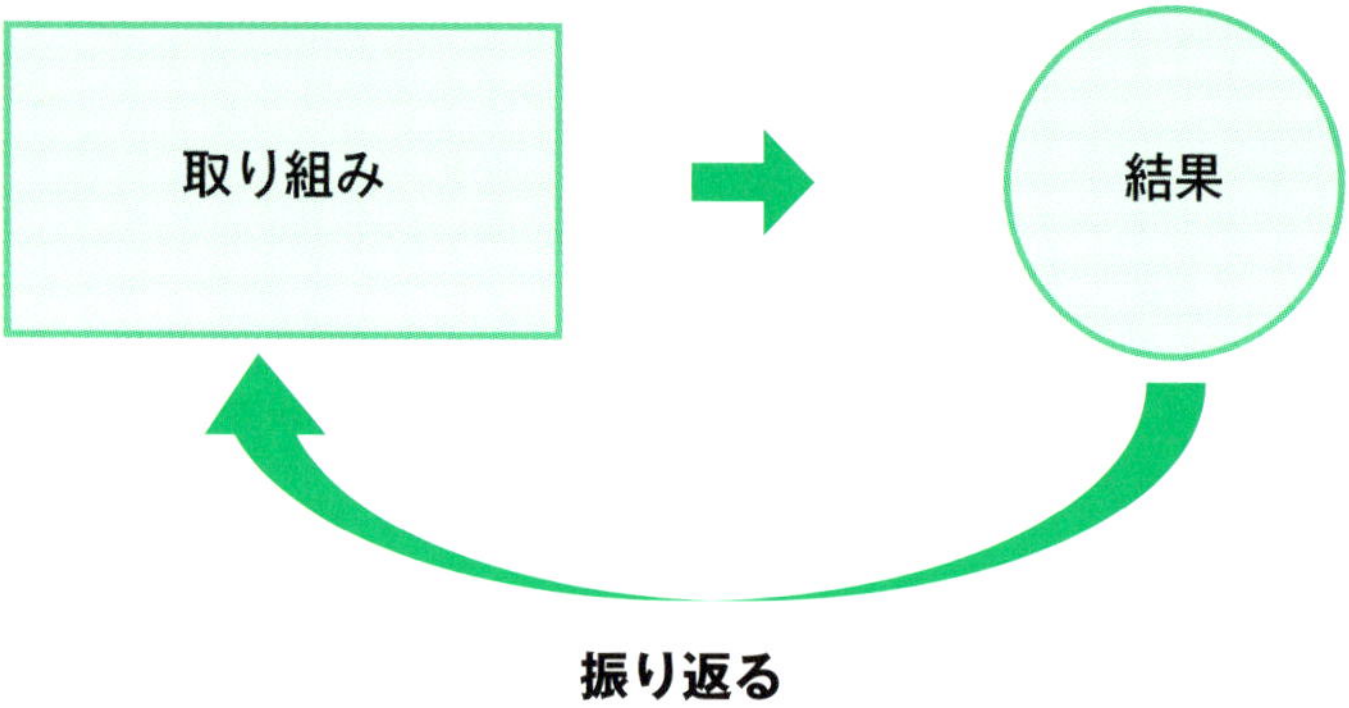

・何が良かったか ／ 悪かったか
・強み ／ 弱みは何か
・さらに良くするためにできることは

根本の原因を探って、
強みに気づく機会を強制的に創り出そう

ら、今のＮＥＣとは違っているのではないかと思えてなりません。

振り返りを繰り返すことで、どこがどのような強みなのか、弱みなのかを正確に把握し、根本的に何が問題か見極めることができるようになり、自分や組織や会社の強みを引き出し、他がまねできないようなモデルにまで創り上げることができるのです。

■アップル――傷つきやすい材質を採用した理由

デザインによって弱みになる要素を、反対に強みに変えてしまったのがアップルのデザイン戦略です。ｉＰｏｄやｉＰｈｏｎｅ、ｉＰａｄのデザインは、あえて傷つきやすい、柔らかい材質を製品の外側に使っています。

このことによって大切に使いたいという気持ちをユーザーに起こさせたのです。そして直接、根本的なブランド価値、商品価値に訴えかけてしまったのです。弱みを強みに変えるモデルといえるでしょう。弱みとなる根本原因をつかみ、高級感やデザイン性といったソフトのメリットでカバーしたのです。

そして新たな市場、商品を保護するためのケースという市場まで創ってしまいました。ベルトに装着する、あるいは守るためだけの味気ない「入れ物」でしかなかったケースが、ファッション性にまで昇華されたのです。アップルストアでも販売し、街中でもケースショップがあり、デザイン性を競っています。しかも、ほとんどがアップルかサムスン用です。アップルによって、もともと傷つきにくい材質で創られているサムスン用のケース市場まで創造されているのです。

つまり、大切に使おうというユーザー心理を掻き立てることによって、直接アップルとして訴求したかった、商品としての価値とブランド価値を高めるという根本原因にユーザー自らがアクセスするモデルを築いたのです。

Point 14

根本原因を見出す仕組みを意図的に創り上げよう!

5 第三の目を持つ

■不足・過多・補完は何か見極めよう

第三の目とは自分や所属組織、会社、自分の国レベルまでを客観視することです。

これは、言うは易し行なうは難しです。人というものは考え出すとすぐ客観視するどころか、自分の今いる枠に囚われてしまうものなのです。

不足しているものがあれば、不足要素を加える。訪問して電球を交換する際は、雑巾とバケツも持っていき、照明器具もついでに掃除する。何かが多すぎるのであれば、多すぎる分だけ喜んでもらえる他のサービスを増やす。何か補う存在を必要としているのであればシナジーを生み出す何かを足す。電話一本ですぐ飛んでいく。犬の散歩でも依頼されればやる。テレビを買ってくれたら配線はもちろんリモコンの使い方も根気よく教える――こんなサービスで顧客との間にシナジーを生み出したのが東京都町田市にある「でんかのヤマグチ」です。

地道な取り組みの結果、大手家電量販店より高い利益率を生み出し、リピート顧客が多いことでも有名になりました。徹底した顧客訪問の結果、非常に優れた顧客データベースまで創り上げているのです。

でんかのヤマグチも以前は顧客が離れていく経験をしましたが、離れないように値段を下げて販売するという一般的な枠に囚われるのではなく、電球一個の顧客から大切にすることで支持してくれる顧客を増やしていきました。周辺地域の高齢化が新しいシナジーとしてさらに拍車をかけているのです。第三の目を持つことで、不足・過多・補完は何か見極めようとすることがとても重要なのです。

■自分の思考パターンを知り、自分に問いかけよう！

自分が枠に囚われやすいパターンをまず知ることが大切です。そして何が自分を枠にはめてしまっているのかを考える癖をつけましょう。そうすることで、枠を破るきっかけを得ることができるのです。では具体的なやり方を一緒に見ていきましょう。

1、枠に囚われがちになるパターンを書き出す

書き出すことで、自分が枠に囚われがちなパターンを客観視することができます。そして、そのパターンをよく読んで意識します。次に現れたときに、「囚われているよ」と自然と自意識が語りかけてくれるようになるのです。

2、いつものパターンになりかけたら自分に問いかける

枠に囚われがちになるパターンが現れたら、「何が違うのか」と自分に聞いてみましょう。**「何かが不足している」「何かが多すぎる」「何か補う存在を必要としている」**というパターンが考えられます。ここまでくれば道半分。どのパターンか一つずつ確認すればよいのです。不足していれば、どのような要素が不足しているのか、と聞いてみましょう。何かが多ければ、不要な要素をズバッと切り落とすか、他の何かでカバーできないか考えてみましょう。何か補う必要があれば、補うことでどのようなシナジーが生めるのか考えてみましょう。

■和菓子屋たねや――「らしさ」を取り戻す

「たねや」――一八七二年創業の滋賀県近江八幡市にある、こだわりの和菓子を創り続けている老舗です。和菓子の代表的な材料の「餡」は季節や温度によって同じ分量の水と砂糖で同じ時間炊いても味が変わってしまい、創るのが難しくて手間がかかるため、外部に委託してしまう和菓子屋が多いそうです。それをいまだに自社で創り続ける、小豆を炊いて何十年という職人が今でも炊き上げているこだわりの和菓子屋です。

たねやは今でこそ色々なところに店を出していますが、初めてデパートに出したときは高級路線に出たおかげでまったく売れず、苦労した時期がありました。

つまり、「デパート＝高級品を販売する」という思考の枠にはまってしまっていたのです。結果、デパートの売り場での売上金額が連続でビリだったとのことです。

そこで、第三の目で現状を眺めました。たねやはもともと、どら焼きや最中《もなか》、饅頭というベーシックなラインナップの店でした。しかし、デパートでは見栄を張った菓子を出してしまったがゆえに「らしさ」を失っていた、ということに気がついたのです。

そして、多すぎた見栄をばっさりすべて捨てて、もともとの「たねや」らしいお菓子を販売し始めました。すると売上も回復し始めたのです。

たねやの社長が創った「鄙美《ひなび》」という素敵な言葉があります。田舎の温かみのある素朴な美しさという意味です。鄙美にこだわり、いまだに近江八幡で創って、全国に出荷しています。店舗に飾る花までも近江八幡から出荷しているそうです。この「らしさ」を伴ったこだわりがシナジーを生んでいるといえるのではないでしょうか。第三の目で飛躍をした良い事例だと思います。

イノベーションのためのアイデアを出す発想力は、違う捉え方を理解することでキーを得ることができます。新しい「仕掛け」を創造することで、他社にまねのできない、負けないビジネスモデルを創ることができるのです。ビジネスモデル・デザインマップを構想する際のベースとなる思考になります。

Point
15

第三の目で眺めて、何が不足しているのか、何が多すぎるのか、シナジーを生み出せる何かを補完すべきか見極めよう!

III

バリュー
チェーンと
コンセプト

1 バリューチェーンでお客様の価値をつなげる仕組みを創る

1 仕組みがビジネスの行方を決める

■すべてはお客様の価値へと続いている

ビジョンとアイデアで市場に新しい価値を創造する「仕掛け」の種を創り上げたら、「価値」を見極め、価値を届ける「仕組み」を思考していきます。

それは、ＳＴＶの「Ｖ（バリュー）：価値」を規定し、最大化するための６Ｐ構想の基盤になる思考です。

では、そもそもバリューチェーンとは何でしょうか。**バリューチェーンとは、原材料の調達から製品・サービスがお客様に届くまでの企業活動を一連の価値（Value）の連鎖（Chain）として捉える考え方のことです。**

一つのビジネスは、一つの活動だけで成り立っているわけではなく、様々な活動が組み合わさっています。このバリューチェーンの考え方は、ハーバード大学教授のマイケル・E・ポーター氏によって最初に提唱され、著書『競争優位の戦略』で紹介されています。ポーター氏によれば、バリューチェーンの概念は次の例のように説明できるでしょう。

たとえば、あなたの行なうビジネスがおいしい日本料理を創ってお客様に提供することだとします。まず、その場合の企業活動を次のように分類します。

①日本料理の内容を考える（企画）
②料理に必要な原材料を調達する（仕入）
③お客様を呼ぶ（集客）
④料理を創る（製造）
⑤料理をお客様に提供する（販売）

となります。

あなたがすべて行なうケースもあると思いますし、そうではなく担当制にして、①～⑤の作業をすべて別の人が担当するということもあるでしょう。いずれの場合にしても、①～⑤の活動すべてが「おいしい！」という、一つのお客様の価値に向かって連鎖しているということです。

①～⑤の作業のどこかが欠けてもビジネスは成立せず、すべてが連鎖して価値を生み出していると捉えるのがバリューチェーンの考え方です。

このバリューチェーンの各活動（業務）をレイヤーと呼び、レイヤーごとにコストや強み・弱みを明確にするのが、バリューチェーンの重要性です。

なぜ、このような考え方が重要なのでしょうか。

このように活動が連鎖していると考えると、いくら自社の中で他社にはない素晴らしい点があっても、そうではない点によって制約されてしまうことが起きることもあるのです。

たとえば、先ほどの日本料理ビジネス――優れた料理人がいて、おいしい料理をたくさん創れるとします。しかし、料理をお客様に提供するスタッフの教育が行き届いておらず、サービスの質が悪かったとしたら、せっかくのおいしい料理も台無しになってしまいます。

「おいしい」という価値を感じるのはお客様です。笑顔もおもてなしもないスタッフに提供された料理は、料理そのものが優れていたとしても「おいしい」と感じられな

バリューチェーン（価値連鎖）の基本形

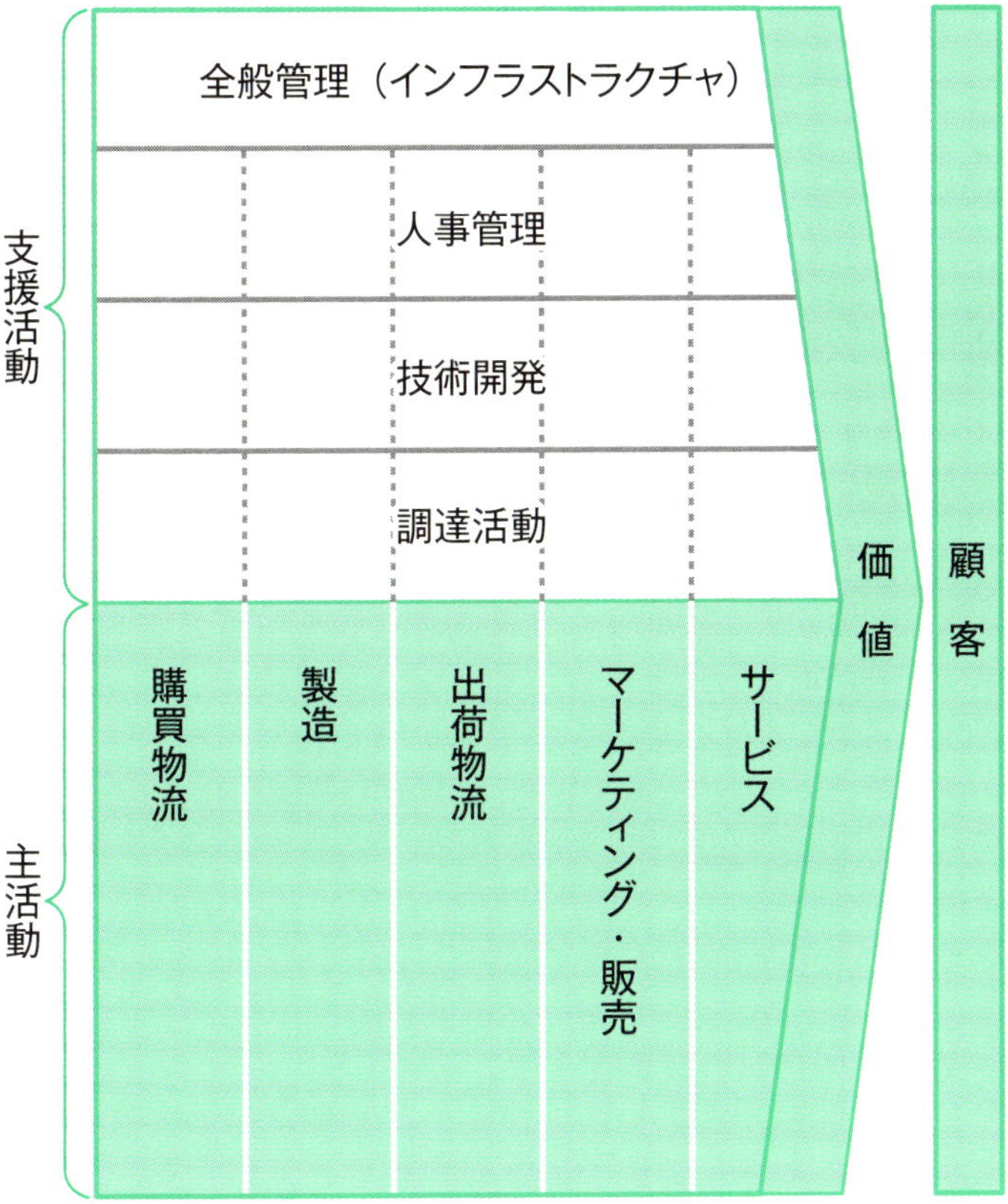

※『競争優位の戦略』M. E. ポーター著、土岐坤他訳（ダイヤモンド社）の内容を基に作成

かった経験が、皆さんにもあるのではないでしょうか。これは④の部分が優れている にもかかわらず、⑤の部分がボトルネックになり、お客様に「おいしい」という価値を届けられなくなっているのです。

価値が連鎖しているという考え方がいかに大切か、次は、世界の亀山ブランドと謳われ、技術力トップのシャープを例に考えてみましょう。

シャープの転落は日本のエレクトロニクス業界にとって、衝撃的でした。誰もが「技術のニッポンだけでは、生き抜くことが難しい」と感じた出来事でした。ビジネスは、一連の作業の連鎖です。技術が優れていても、それを届ける仕組み（チェーン）が弱ければ、お客様に価値は届かないのです。

妹尾堅一郎氏の著書『技術力で勝る日本が、なぜ事業で負けるのか』（ダイヤモンド社）では、技術・事業・知財の三位一体経営が今後の日本企業には求められると説いています。お客様に価値が届くまでのチェーンをいかに構築するか——このバリューチェーンの考え方が、日本のエレクトロニクス業界にも求められています。

■「うるるとさらら」——ソリューションビジネスへ

ビジネスには必ず目的があります。企業が存続していくためには、お金を儲けることが必要です。つまり、収益が必要になります。しかし、お金儲けだけが企業の目的というわけではありません。

ビジネスには必ず相手、つまりお客様が存在します。お客様の悩みを解決することが、そもそものビジネスの目的になります。ものを売る＝お客様の悩みを解決するソリューションになる、という公式が必要になります。売れそうだから、流行っているから、で始めたビジネスで継続して成功している例は、これまでほとんどありません。

エアコンの「うるるとさらら」を販売しているダイキン工業は、これまでの機器販売からソリューションビジネスへと移行を始めています。単なる空調屋から空間ソリューションビジネスへと変革しようとしているのです。そもそもなぜエアコンを買うのか？　エアコンを買うのは、快適な空間がほしい、節電したい、などのニーズがあるからです。

お客様の立場からすれば、高機能性よりも、その機能によってニーズが満たされることを求めています。二〇〇五年には、上海に総費用一〇〇〇万元をかけて空調機器の大型ショールーム「ソリューションプラザ上海」をオープンしました。四〇名のSE（セールスエンジニア）を常駐させ、最新の空調商品の見学だけでなく、住宅、オフィス、店舗などの空調機器の設置にかかるニーズに対して総合的にソリューションを提供することを目的としています。空調機器の与えるお客様への価値に注目した取り組みだといえます。

ビジネスの目的は、社会の課題を解決すること。そこに注力したビジネスをソーシャルビジネスといいます。ソーシャルビジネスの世界でも、バリューチェーンに注目が集まっています。バリューチェーンの提唱者マイケル・ポーター氏は、CSVという新しいコンセプトを提唱しました。CSVとは、「Creating Shared Value」のことで、ポーター氏はこのコンセプトで、企業は社会と共有できる価値の創出を目指すべきだと主張しています。

氏は、CSVの三つの方向性の一つとして、バリューチェーンの競争力強化と社会貢献との両立を示しています。バリューチェーンの競争力を高めることが結果的に地域・社会への貢献へとつながるということです。

このCSVにおけるバリューチェーンの仕組みで地域に貢献している有名な例とし

て、ネスレのプレミアム・コーヒービジネスがあります。
コーヒー豆は、アフリカや中南米の貧困地域の零細農家が栽培しているケースが多く、貧困に苦しむ地域がほとんどです。ネスレは、サプライヤー育成という観点から、コーヒー豆の調達に関して、貧困に苦しむコーヒー農家に栽培技術やノウハウを提供しています。また、それだけでなく、銀行融資を保証したり、苗木・肥料などの確保を支援したりしています。

まさに、バリューチェーンの一つであるサプライヤーを育成・支援することで自社の競争力を高めるとともに、その地域にも貢献している事例です。

この事例は、何かに似ていませんか？　そうです。日本の製造業です。サプライヤー育成は、古くから日本の製造業で行なわれてきました。サプライヤーを育て、支援することで強固な関係を築き、バリューチェーンの最適化を行なってきたのです。今後は、それをどうやって世界に広げていくか。柔軟に考えていくことが求められています。バリューチェーンのイノベーションは、新たなビジネスモデル創造の基本になるのです。

■顧客から見た価値を言葉にする

1、顧客の価値を規定しよう

価値を探るうえで指標になるのが、お客様からいただく対価です。対価とは売上であり、売上は「コスト＋利益」で構成されています。もちろん、分析の際にはこの考え方も重要ですが、「コスト＋利益」は、あくまでも自社視点での言葉です。ここからはお客様の価値は見えてきません。まず、大切なのはお客様の視点で自社のビジネスを捉えることです。

「工場では化粧品を創っていますが、小売店では希望を売っています」

化粧品メーカーのレブロン創業者、チャールズ・レブソン氏の言葉です。

きれいになりたい、というのは多くの女性が持っているニーズです。化粧品を買うことでこのニーズが満たされ、きれいになった、と女性が感じれば未来に希望も見えてくる。これがお客様の感じる価値になります。

つまり、化粧品ビジネスをメーカー側の視点で捉えれば「化粧品を創る」ですが、お客様の視点で考えれば「希望を買う」、という言葉になります。きれいになった、と感じることができれば、女性たちはいくら払っても惜しくない、と考えるかもしれません。

　よって、価値を満たす、ということが結果的にビジネスを成功へと導くのです。そのためには、まず自分たちの提供している価値は何かを明確に規定しておくことが大切です。

2、他社との差別化ポイントを見つけよう

「価値は何か」を規定する視点として、大きく三つあります。①自社の提供価値、②市場（お客様）が求める価値、③競合の提供価値、です。

　価値とは、次ページの図の中の☆の部分。つまり、競合が提供しておらず、自社の提供価値と市場が求める価値が交差している部分になります。

　いくら素晴らしい価値を提供できるとしても、他社も同じ価値を提供しているのであれば、差別化が難しく、ビジネスとしては成功とはいえません。価格競争に陥り、苦しい戦いになってしまいます。

　かつて牛丼の価格は約四〇〇円でした。今は三〇〇円を切っています。牛丼の価値

提供価値の図

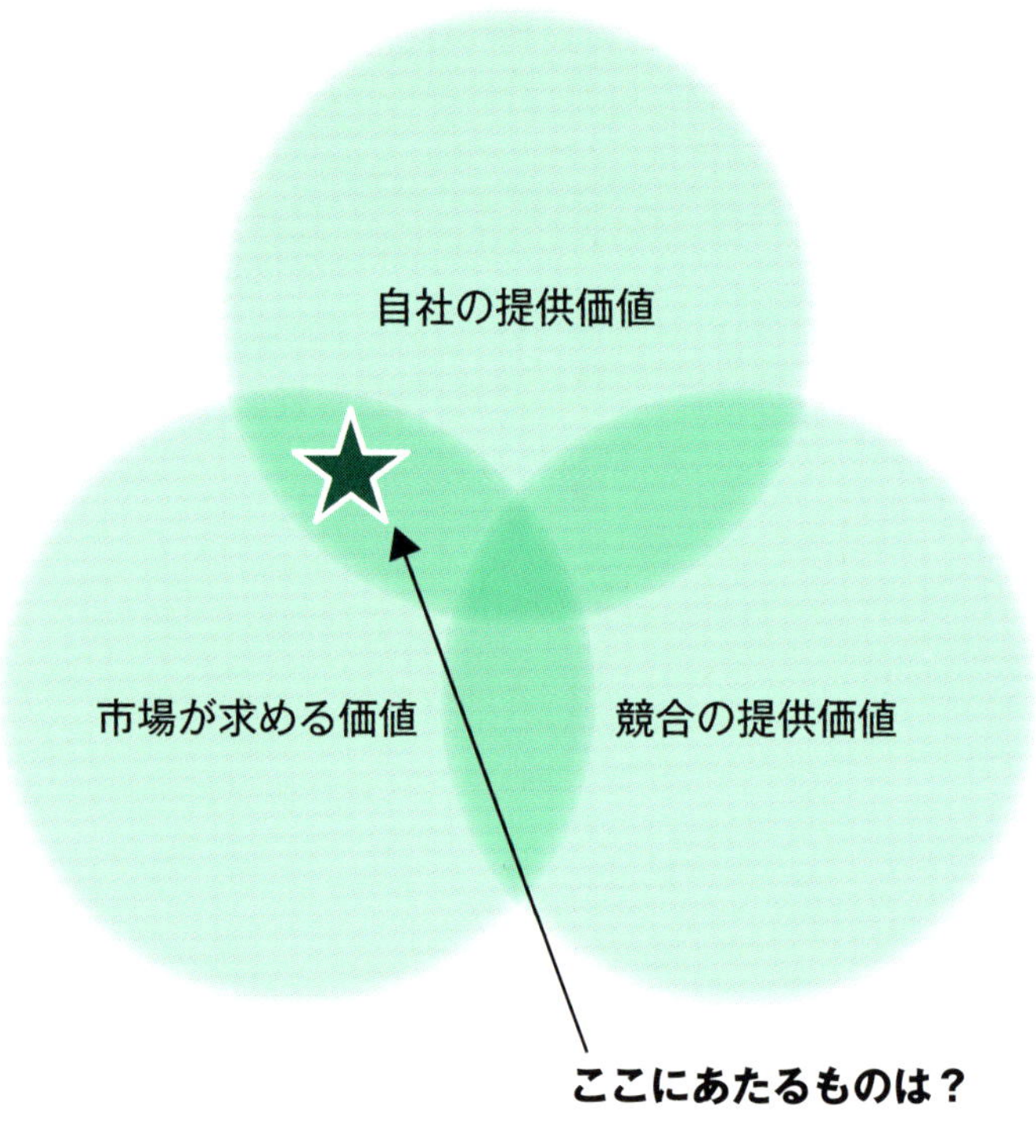
自社の提供価値
市場が求める価値
競合の提供価値
ここにあたるものは？

は吉野家が提唱するように「うまい、やすい、はやい」でした。

今では、各牛丼チェーンも差別化を打ち出し、商品ラインナップも異なりますが、当時は「牛丼屋は牛丼屋」でした。吉野家が値下げしたことにより、他のチェーン店も一斉に三〇〇円を切る値段を打ち出し、価格破壊が起こりました。今や、再び牛丼が四〇〇円を目指すのは難しいでしょう。

さらに有名な例として、ウォルマート（スーパー）があります。「エブリデー・ロープライス」というモデルを取っています。年間を通じて競合他店よりも固定的に低価格を実現する、というのが彼らのビジネスモデルです。

注目すべきは、毎日の買い物が安く済む、というお客様の価値を実現するために、サプライチェーン全体を効率化し、メーカーとコラボレーションを行なったからこそ実現できている点です。提供価値を起点に、ビジネス全体の仕組みを構築し、他社にはできない価値を提供できているからこそ、様々なところで語られる成功企業になっているのです。

3、自社だからできる提供価値を見つけよう

自社だから提供できる価値を見つけるためには、まず自社の強み（シーズ）のうち、特に強いコア・コンピタンスを知る必要があります。**コア・コンピタンスとは、「他社には提供できないような利益を顧客にもたらすことのできる、企業の中核的な能力・スキル」のことです。**

要は、企業の強みをより具体的に深く示したものがコア・コンピタンスになります。コア・コンピタンスには三つの条件があります。

・市場やお客様にとってその強みが魅力的かどうか
・競合他社に負けないものかどうか
・こだわりと誇りが持てる武器かどうか

たとえば、世界のＰ＆Ｇのコア・コンピタンスは、世界№１のマーケティング展開力とブランドマネジメント力となります。

この強みによって、お客様に提供できる価値は何か。ニーズをシーズでウォンツに変えることが重要です。「マーケティング展開力をもって、目新しい商品を世に送り出すことで、お客様に常に感動をお届けする」――これがＰ＆Ｇだからこそ提供でき

る、お客様が求める価値になります。

■永谷園――女性客から男性客へ

永谷園といえば、お茶漬け。その永谷園が、新たなブランドとして、生姜商品を開発・販売しています。生姜部というものを創り、生姜部の歌まで創るという力の入れようです。

生姜の価値を徹底的に調べるために、生姜料理を食べ歩いたり、生姜畑を創って育てたりと様々な仕組みを構築しています。もともと商品開発力が強く、お茶漬け、「おとなのふりかけ」、「麻婆春雨」など長く愛される商品を開発してきた永谷園。今回の生姜商品は、女性の冷え症を改善するために、自社が開発したものです。もともとは、二十〜三十代女性向けに商品を開発してきましたが、今は子供向け、男性向けの生姜商品も数多く世に送り出しています。

まさに、「冷え症改善」という価値を「自社の商品開発力」というコア・コンピタンスでお客様に提供している良い事例だといえます。

Point 16

お客様の課題を解決する、という視点を持とう！

2 レイヤーごとに考える

■ガリバーが打った一手

市場に「仕掛ける」ための「仕組み」を創るためには、自社の事業が置かれている状況を、外部環境と内部環境の両面から客観的に把握する必要があります。内部環境を客観的に把握する際に、バリューチェーン分析が必要になります。

このとき、重要なのは、競合との比較です。レイヤーごとに競合と比較し、強み・弱みを客観的に把握する。こうした分析がしっかりできていれば、競合に勝つためのモデルも立てやすくなりますし、現在の競争優位をいかなる仕組みで保ち、補強していくかという構想も立てやすくなります。

企業のバリューチェーンは、「常に同じ」ではいけません。**環境の変化で、お客様**

への提供価値が変われば、バリューチェーンも変えなければなりません。

また、商品開発や市場開拓・創造だけでは見えてこなかったチャンスが、バリューチェーンを見直すことで見えてくることもあります。それぞれのレイヤーを分析し、弱みを解消したり、強みを活かすなど、仕組みの部分に新しさを求めることで、新たなビジネスチャンスが広がる可能性もあります。

このようなバリューチェーンの再構築は、金融・証券、航空、中古車販売、出版・印刷など様々な業界で起きています。

たとえば、「買い取り専門」の中古車販売会社ガリバーインターナショナル。創業者の羽鳥兼市氏は、ガリバーを立ち上げる前に二十年以上中古車販売をしていました。一九九四年、その経験を活かして、新しいビジネスモデルと一緒に、福島県でスタートさせたのがガリバーです。

ガリバーの特徴は、中古車の買い取りのみに特化しているところです。従来の中古車屋は、買い取り価格は「安め」に、販売価格は「高め」にしたいと考えていました。消費者にとっては値段の不透明さがつきまとい、一方、販売側からすれば在庫を持ちたくないという、顧客と販売側の間で最適な関係性が築けていなかったのです。

ガリバーは、この関係性を打破すべく、買い取り専門というビジネスモデルを構築しました。ガリバーが買い取ったクルマは、展示をせず、すぐにオークション会場で売ってしまいます。そうすれば、在庫リスクもなくなり、それゆえ他社よりも高価な買い取りを実現したのです。また、多くの中古車を買い取るため、情報が蓄積し、全国一斉に適正価格を設定できるようになりました。バリューチェーンを刷新することにより、販売側と顧客側双方の付加価値を高めた良い例です。

ビジネス存続のためには、いかに時代を先読みし、次なる手を打てるかがカギになります。そのためには、まず客観的に自社のビジネスの流れ、つまりバリューチェーンの構造を理解しておくことが大切になるのです。

■バリューチェーン分析をやってみよう！

1、自社のバリューチェーンを把握する

まずは、自社のビジネスの流れを把握してみましょう。

重要なのは、各業務を明確に分類することではありません。モレなくダブりなく、

バリューチェーン例

小売

通信サービス

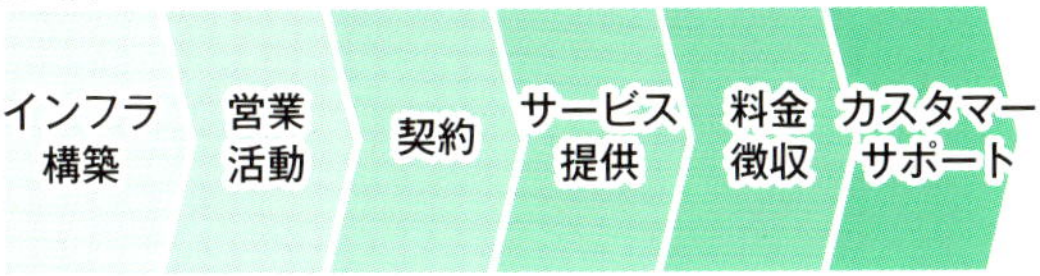

製造

演習
皆さんの会社のバリューチェーンを書いてみましょう！

企業の活動を把握して、役割、コスト、全体への貢献度を明らかにすることが大切です。目的は、企業が目指す仕組みへの打ち手を考える際のヒントを洗い出すことです。ビジネスの流れを一度、個別の活動に分解し、最終的に提供しているお客様の価値との関係と構造を明らかにすれば、どの部分がボトルネックか、改善の余地があるのか、がわかるようになります。

2、レイヤーごとにコストを洗い出す

次に、レイヤーごとにコストを洗い出してみましょう。お客様からいただく対価はコスト＋収益で成り立っています。各ビジネス活動にかかるコストを把握することで、その活動が全体の価値にいかに影響しているかを把握する一つのバロメーターとなります。活動そのものの付加価値に対して、コストが高ければその活動が全体最適化を妨げている可能性もあります。

3、レイヤーごとに競合と比較し、強み・弱みを把握する

最後に、自社の強みと弱みを把握し、各活動の付加価値を探るためにレイヤーごと

各活動コスト把握

アパレル会社Aの例

レイヤー	担当部署	年間コスト（百万円）
商品企画	商品企画部門	XXXX
仕入		XXXX
店舗運営	A店	XXXX
	B店	XXXX
	C店	XXXX
集客	販売促進部門	XXXX
販売	営業部門	XXXX
アフターサービス	カスタマーサービス	XXXX

強み、弱み分析

アパレル会社Aの例

レイヤー	自社		競合A社		競合B社	
	強み	弱み	強み	弱み	強み	弱み
商品企画						
仕入						
店舗運営						
集客						
販売						
アフターサービス						

に競合と比較してみましょう。競合他社との比較により差別的優位性が明らかになれば、各活動が全体の付加価値にどう影響してくるかが見えてきます。客観的に付加価値が把握できれば、先ほどのコスト表との比較で、どこがボトルネックになっているのか、改善ポイントが見えてきます。

このように、バリューチェーンの中身を理解して6Pの因果関係を創り上げていくことで、価値を届ける「仕組み」がモデリングされていきます。

■コカ・コーラ——商品は変えない、仕組みを変える

コカ・コーラ社が自社バリューチェーンを客観的に分析、再構築し、ペプシに対抗したことは有名です。一九八〇年ごろのコカ・コーラ社は、コーラの元となる原液のシロップを製造するのみで、それ以外の作業（ビン詰め、流通など）は、一二〇〇ものボトリング会社に委託していました。しかし、一九七〇年代以降、低価格で攻めてきたペプシ・コーラに一気にシェアを奪われてしまったのです。

そこで、コカ・コーラ社はバリューチェーンの再構築を行ないました。ボトリング社を買収して、原液製造からお客様の手元に届くまでの間の作業のうち、ビン詰め、

流通をコカ・コーラ社が担うようにバリューチェーンを組み直し、コカ・コーラ社が販売の価格決定権を握れるようにしました。

また、プロモーションもかねて、コンビニエンスストアにも商品を置きました。コンビニの収益は少ないけれども、認知度を高めるために展開しているのです。

コンビニでのビジネスは、利益率の高い自動販売機が補完している形になります。商品（プロダクト）そのものは変えずに、バリューチェーンの再構築により、新しい価値を届ける仕組みを変え、**「プレイヤーの役割を変える思考」**で成功した良い例だといえます。

Point 17

バリューチェーン分析で、強み・弱みを把握しよう！

3 破壊的な支配力を持つレイヤーを探せ

■まとまりではなく、レイヤー視点でビジネスを捉える

バリューチェーン分析により、自社の構造が客観的に把握できたら、次なる打ち手を考えましょう。**ビジネスをまとまりで捉えるのではなく、レイヤーごとに仕組みを考えることで新たなビジネスの広がりが見えてきます。**

特に、破壊的な支配力を持てるレイヤーを見つけ、そこに特化することができれば、そのビジネスにおいて、揺るぎない競争力を持つことができます。強力な販売力や製造力などで破壊的な支配力をバリューチェーン上で持つことができた企業をレイヤーマスターといいます。

レイヤーマスターとして有名な事例が、「インテル入ってる」のキャッチフレーズで有名なインテルです。Ｗｉｎｔｅｌモデルといわれるほど、インテルとＷｉｎｄｏｗｓシリーズは切っても切れない関係になっています。

インテルは、急所技術を開発し、それを基幹部品化しました。さらにそれをブラックボックス化し、クローズにしたため、インテル以外の会社では、その基幹部品を創れない形になっています。

一方でパソコンには、マザーボードというものがあり、そことインテルの持っている基幹部品とのすり合わせが必要になります。そこでインテルは、マザーボード上で外部のインターフェースは規格化し、国際標準として他社に公開しました。つまり、基幹システムを標準化したのです。

これにより、パソコンが売れて市場が拡大すれば、インテル自身も儲かるという仕組みができあがりました。バリューチェーン上のレイヤーのうち、基幹部品の開発部分をしっかり握ることで、市場を拡大しながらもしっかり儲かる仕組みを構築しているのです。

■レイヤーごとの仕組みを考える

1、各レイヤーの付加価値を考える

バリューチェーン分析は、ボトルネックを探しあてるだけではなく、レイヤーごとの仕組みを考える際にも役に立ちます。レイヤーごとに強みと弱みを把握したら、今度はレイヤーごとの付加価値を考えてみましょう。

付加価値をビジネスの流れで見ると、中流部分は利益が低く、上流と下流は利益が高くなるといわれています。これを曲線で表すと真ん中部分がへこみ、人が笑ってい

スマイルカーブ

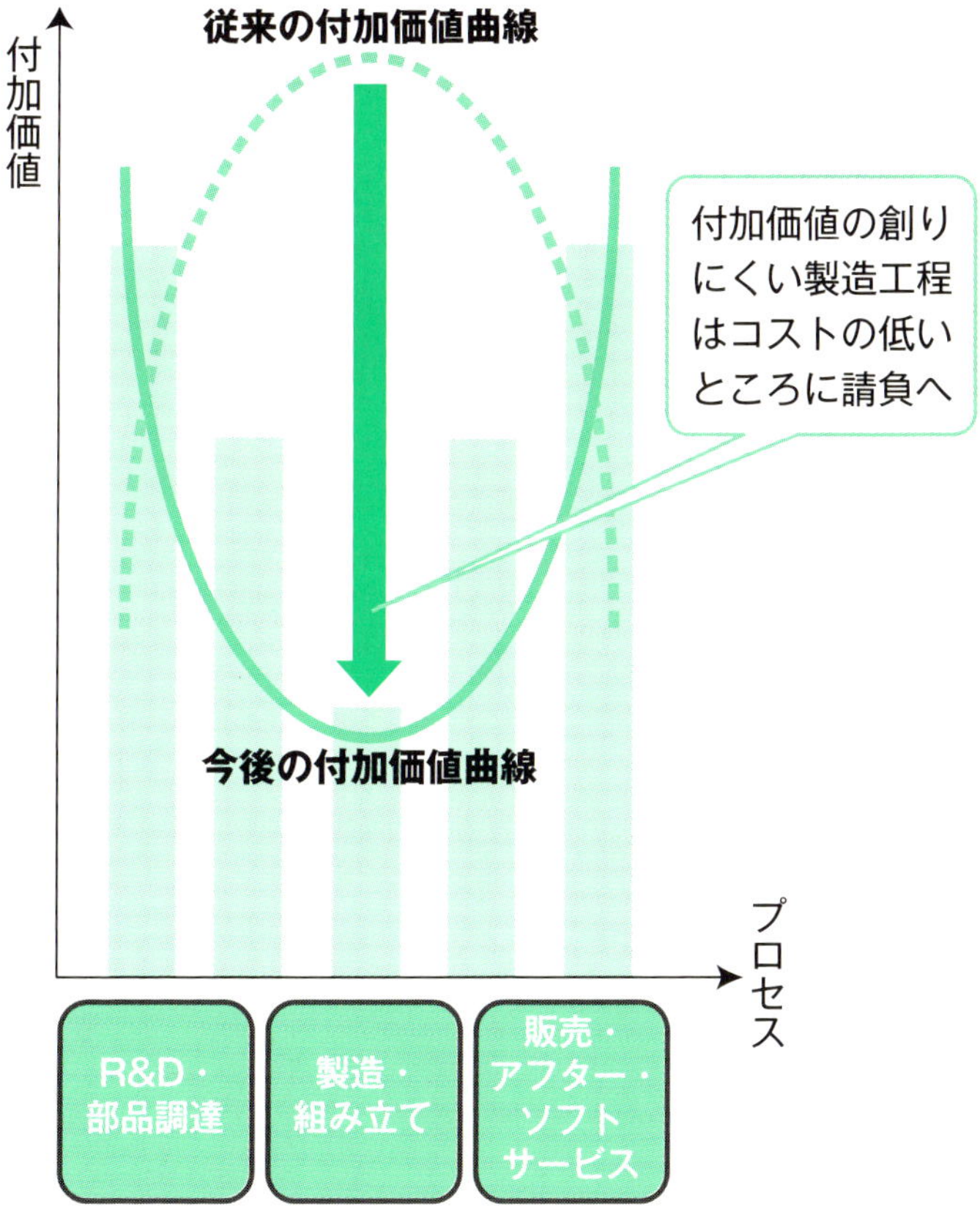
従来の付加価値曲線
付加価値
付加価値の創りにくい製造工程はコストの低いところに請負へ
今後の付加価値曲線
プロセス
R&D・部品調達
製造・組み立て
販売・アフター・ソフトサービス

る顔のようにも見えるため、「スマイルカーブ」と呼ばれています。

バリューチェーンの真ん中に位置するのは、製造・組み立て。製造・組み立てという作業は、技術の進歩に伴い先進国以外でも可能になってきているため、付加価値が最も小さく評価されています。

一方で、両端のR&D（研究・開発）と販売・アフターは、最も価値が大きくなります。顧客のニーズが多様化している現代では、商品の研究・開発がその商品の命運を分けます。また、販売・アフターも他社との差別化ができる部分です。

良い商品を持っていても、流通チャネルがなければ売れません。特に、グローバル展開を図る場合、展開先で流通チャネルをつかめているかが大切です。現地の企業とパートナーを組むこともあり得ます。また、多様化するニーズに応えるためにアフターケアを充実させている企業もあります。

アップル社は、スマイルカーブ全体を形成しています。アップル社の収益の八割以上はiPhone・iPad本体、ハード販売からの利益です。

iPhoneの普及を進めるのが、安くて魅力的なコンテンツが多く存在するiTunesストアです。ここでは、安いコンテンツを提供しているため、あまり利益は出ませんが、本体の購入を促進しています。消費者が安くて魅力的なコンテンツがほしいために本体を購入する、という流れになるのです。また、定期的なバージョンアップを行なうことで、消費者に頻繁な本体の買い替えを促しています。

これを付加価値構造で考えれば、付加価値の高いスマイルカーブの両側面を押さえ、中間の付加価値の低い部分に関しては、他社に任せている――まさに、6P全体のつながりを巧妙に創り上げています。

2、付加価値の高い部分をブラックボックス化する

バリューチェーンの中で付加価値の高い部分が把握できたら、次にそれをいかに自社内でブラックボックス化するかを考えます。付加価値の高い部分を自社で握れるかどうかが、命運を分けます。

新興国での売上高が全体の約七〇％を占める小松製作所（コマツ）。彼らのビジネスはなぜ、新興国で成功したのでしょうか。その背景には、新興国需要を囲い込むためのレイヤーマスターの仕組みがあります。

コマツは、基本的には海外での生産体制にしつつも、主要な部分をブラックボック

ス化し、レイヤーを握っています。技術が流出し、模倣されるのを防ぐためです。日本の技術の特性として、技術のすり合わせにより高い性能を引き出すノウハウがあります。コマツはここに注目しました。建設機械に欠かせない基幹部品（油圧パルプやエンジン）は国内で生産し、技術のすり合わせノウハウも日本企業で蓄積していきます。海外生産体制により価格を抑えながらも、レイヤーを握ることでしっかり自社が儲かる仕組みができています。

■三菱化学メディア――ブラックボックス化戦略

三菱化学メディアのＤＶＤは現在、全世界でシェア七〇％を占めています。三菱化学メディアは、技術モジュールをブラックボックス化し、量産を台湾などの新興国メーカーに委託しています。

完成品を競合が買い、ビジネスを展開する仕組みを創り上げました。競合の売上が伸びれば三菱化学メディアも潤うという、パートナーも競合も巻き込んでビジネスが回るビジネスモデルを構築し、結果、二〇〇〇年当時は会社存続が危ぶまれるほどの危機的状況だったにもかかわらず、今や挽回しています。

彼らのDVDビジネスは、技術モジュールだけでなく、その製造ノウハウもすべて製造レシピとして新興国のDVDメーカーに提供し、量産を容易にしたのです。さらに、競合も潤うことで結果的に需要が拡大し、三菱化学メディア自身の売上にも貢献するという、バリューチェーンの仕組みをうまく利用したビジネスモデルを構築しています。

Point 18
各レイヤーの仕組みを立てよう！

4 キラーポイントをどこに創るか

■オープンビジネスイノベーション

バリューチェーンパートの最後のポイントは、「オープン」です。「オープンビジネスイノベーション」「オープンビジネスモデル」とは、ヘンリー・チェスブロウ氏による言葉です。氏は、「アウトサイド・イン」のイノベーションと「インサイド・アウト」のイノベーションを区別しています。外部のアイデアや技術、知的財産を利用する形をアウトサイド・イン、知的財産権や技術、使用していない資産のライセンスを売るなどの形をインサイド・アウトといいます。いずれも、お客様の価値を最大化するために、オープンに外部と連携するパターンを指します。このオープンという視点が、勝ち続けるための仕組みを考えるうえで重要です。

ハーバード・ビジネス・スクールのクレイトン・クリステンセン氏が一九九七年の著書『イノベーションのジレンマ』（翔泳社）の中で提唱している、優れた特色ある商品を持っている巨大企業は、特色を改良することにばかり注力し、破壊的イノベーションの前に敗れてしまうという理論は有名です。**破壊的イノベーションとは、「新興企業が、スペックは劣るけれども、新たな特色を持つ商品により、市場を塗り替えてしまうこと」**です。

この破壊的なイノベーションが起こると、市場の構造が一気に塗り替えられ、そこに再度参入することが難しくなってしまいます。

この破壊的イノベーションに耐えるためには、市場を創る段階で、継続的に収益を得られる仕組みを構築し、それを維持することが必要です。

たとえば、即席麺は、日清食品が一九五八年に日本で発売してからこれまで世界で一〇〇〇億食を売り上げる規模になりました。日清が発売した当初は、まだ即席麺という市場がなく、売れるかどうかわからない状態でした。

そこで、日清は特許技術を他企業に提供し、一気に市場を創り上げました。結果、今では全世界で即席麺が見られるようになったのです。日清は、その中でも主要技術は特許でしっかりと固め、ノウハウを完全にはオープンにしないことで、自社がしっかり稼げるモデルを構築しています。

■オープンに、継続的な収益モデルを考える

1、自社のみが儲かる仕組みに固執しない

自社のビジネスは、お客様に価値を提供し、お客様の課題を解決することが目的であり、その価値が最大化できるのであれば、パートナーや競合との協業もあり得ます。お客様もパートナーも競合も自社も踏まえたうえでのビジネス構築が求められます。

携帯電話技術専門で、クアルコムという会社があります。携帯電話に必要なチップを開発している会社です。二〇一〇年の予想では、二〇一六年には世界シェア七五％になるといわれており、圧倒的な実力を持った会社です。

このクアルコムでは、技術を開発し、チップで儲けるというビジネスモデルを構築しています。クアルコムが開発するのは、携帯電話を開発しやすくする技術です。その開発段階にクアルコムのチップを組み込めば、必然的にチップが売れ、利益を得られるという仕組みです。

製品そのもので稼ぐというモデルでありながらも、携帯電話を開発するパートナーを技術開発の面でサポートし、彼らの売上にも貢献し、結果的にクアルコム自身が儲かるという興味深いモデルを展開しています。

2、自前主義にこだわらない

ビジネスはアイデアから始まります。よって、「そのアイデアが自社からのものでなければビジネスをやる意味がない」と思われるかもしれません。

しかし、バリューチェーンで考えたときに川上の企画開発の部分では自社の強みが活かせない場合、外部に委託することもあり得ます。これも立派なモデルの一つです。バリューチェーンで切り分けて考えなければ出てこない考え方だと思います。

中国発のスマートフォンで小米（Ｘｉａｏｍｉ）というものがあります。二〇一一年の販売台数は三〇万台で、スマートフォンの中ではアップルに追いつく勢いです。彼らのスマートフォンビジネスモデルはユニークで、企画開発の段階から自社だけでなく外部の意見も取り入れています。

彼らのホームページには、ＭＩＵＩフォーラムというページがあります。ここでは、インターネットを通じてユーザー自身が企画アイデアや、実際に使ってみて改善すべきと思った点を自由に書き込めるようになっています。

まさに、バリューチェーンのうち、企画部分をユーザーに委託したユーザー参加型の開発、テスティングという仕組みを構築した例です。

■ARM――インサイド・アウト

ＡＲＭのオープンビジネスモデルは、インサイド・アウトの事例として有名です。

ＡＲＭは、ＭＰＵという半導体チップを販売する会社です。なんと、世界の携帯電話の九五％でこの半導体チップは利用されており、二〇一〇年時点でＭＰＵの出荷数は、六〇億個。インテルのインサイド・アウト型ビジネスモデルも有名ですが、インテルが三・二億個ということを考えると、その差は歴然としています。

ＡＲＭのビジネスモデルは、実際の半導体チップの販売で稼ぐというよりも、ＩＰの設計とライセンスで稼ぐモデルです。自社のＩＰライセンスを世界のパートナー企業に供与し、ＭＰＵ設計に特化することで市場を支配し、しっかり稼げるライセンスビジネスを構築している素晴らしいケースで、**「儲けの場所を変える思考」**のお手本のようなモデルです。

ここまで見てきたように、価値を規定し、届ける仕組みを考えていく際には、バリューチェーンの考え方を身につけることが重要です。ビジネスモデル・デザインマップのＶと６Ｐを構想する際には、それぞれの流れをつなげつつも、価値を最大化するために、どこにキラーポイントが創れるのかを構想していくことが必要になるのです。

2 コンセプトとは、哲学、価値、文化を創るもの

1 コンセプト＝ビジネスの本質

■アップルはコンセプトを失った!?

価値を届ける仕組みの構想の次なる一手は、社会・市場・顧客から、競合とは違うポジションで選ばれ続ける「特徴」を明確にしていくことです。そこでは、仕組みを論理的に構築して、客観的な分析ができているのは言うまでもありません。

一方で、そのロジックをより本質的に、より特徴的に、より差別化して深めるポイントも必要です。それが「コンセプト」です。コンセプトは、普段の会話でも誰もがよく使う言葉ですが、辞書でその意味を調べると、「概念」と訳されています。

しかし、ここでいうコンセプトは違います。では、コンセプトとは一体何なのでしょうか？　その答えは、**「本質」**です。ビジネスの特徴であり、差別性であり、優位

性なのです。皆さんがビジネスモデルを考える際は、「コンセプトは何か」をしっかりと言える必要があるのです。それが、儲けの構造を創るうえでの肝となるからです。

今、日本は岐路に立たされています。元来、島国である日本では、出る杭は打たれるといわれるように、目立つことへの抵抗感や、みんなで仲良く調子を合わせること、同じ価値観で同じ行動を取ることが刻み込まれています。日本国内の多くの企業がグローバルに展開し、また日本市場に外国企業が参入し、さらには、外国企業と協働し一体となって、新しい企業価値、市場価値、社会価値を創出していく中で、この日本人独自の価値観は、足かせになる場面も多くなっています。

もちろん、人財育成面や組織に一体感を出すうえでは、強みとして発揮できることもありますが、ビジネスシーンで、自分たちのビジネスがどのように独自性や独創性、競争優位性を発揮するのか、自分たちならではの「本質」を提示する必要性は以前より、各段に増しているのです。

コンセプトが薄れてしまった事例として、昨今のアップルが挙げられます。あのアップルでさえ、大きな岐路に立たされているのです。iPad mini を市場に送り出した際のアップルは、こぞってメディアやブロガーから「凋落」という言葉を使われました。

スティーブ・ジョブズ氏が「作らない」と言った「7インチサイズのタブレット」で他社が成功するなか、ついにアップルも発売……。その戦略には「差別性」「優位性」が感じられない――市場からそう判断されたのです。

つまり、戦略的に負けているのではなく、コンセプトが見えにくくなってしまい、生活者である私たちに届きにくくなってしまったのが大きな要因だといえます。

一方で、コンセプトメイキングがうまい事例として、第Ⅰ章でも紹介した、リアル・フリートが挙げられます。AMADANAケータイでも有名な二一世紀型の家電メーカーです。AMADANAのコンセプトは、「美しいカデン」。ライフスタイルの一つの領域として、家電製品が存在することを目指しています。二〇世紀の日本は、その技術力で世界を凌駕してきましたが、彼らが伝えたいのは、その技術力を活かしながら、見た瞬間に「ほしい！」と思わせるような、美しく、こだわりのあるデザインのカデンです。

マスマーケティングの過程で、他人と同じでは満足しない僅かな人たちに届けて、

「ここの製品じゃなきゃ嫌！」と言ってもらえる製品を提供することが存在価値なのです。

彼らの哲学は、ホームページにも掲載されています。それは、「美しい服がある。美しい服を着ると、不思議に、人は心の背すじまで美しく伸びる。自分を取り巻いている世界、普段は何気ない色をした日常まで、美しく輝いて見えてくる。美しい服があるように、私たちはただ美しいカデンをつくりたい。（中略）『これでいい』ではない、『これでなくては』という愛着の対象。10年、15年、ながいこと愛でていける美しいカデンを、私たちはつくりたい」というものです。**市場から見て、明らかな特徴が見えること、それがコンセプトであり、本質になるのです。**

■ノルウェーの漁業、日本の漁業

「イノベーション」という言葉が溢れています。企業はグローバル化の波の中で、消費の中心が若者からシニアへ移って国内の市場構造が変化する一方、基本的な生活は満たされ、人々の欲求が自分のためにだけでなく、人のために、社会のために何かしたいという本質的な欲求に変化していることによって、大きな変革が求められているからです。

その変革意識は、個人レベルでも求められています。ロジカルシンキングだけでなく、発想法やラテラルシンキングが育成のテーマとなっているのは、ビジネスモデルや事業の変革を行なう個人のチカラが必要だからです。

その大きな変革が求められる中、コンセプチュアルでない企業は、製品や技術を中心に考えてしまい、都合のいいように事業を切り分けて弱体化を招いてしまいます。

一方でコンセプチュアルな企業は常に顧客志向、社会志向です。生活者が何を考えているのか、欲しているのかを、また社会の問題を解決するにはどうするかを中心に考えています。

お客様にとっての価値、社会にとっての価値を最大化するために、自分たちの強みを凝縮して、ビジネスのやり方そのものを大きく変えています。本質を探求するプロセスの中で、新しいビジネスモデルを生み出してきています。

実は、ノルウェー漁業のビジネスモデルと日本漁業のビジネスモデルでは大きな違いがあります。日本漁業の平均年収は約二六〇万円と、農業と同じく衰退の危機といわれています。一方で、ノルウェー漁業の平均年収はなんと、約九〇〇万円です。両者では大きな差が生まれています。ノルウェーの中でも漁業は高収入職種なので、漁業に転職したい人が多いと聞きます。

では、その違いは一体何でしょうか？　まず日本漁業は、つかみ取り方式のように、獲れるときに一気に獲り、網の目も小さいために魚の年齢にかかわらず漁を続けた結果、漁場が荒れてしまい、獲れた魚の価格も暴落して儲からない。さらに若い魚ばかりになって脂ものっておらず、味もいまいちという状況です。

漁獲高を制限するシステムを持っていない、もしくは持っていても非常にゆるいものでした。養殖を見てみても、日本国内では十分な餌が確保できていないので、餌である魚粉の自給率は三〇％弱に過ぎず、ほとんどを輸入に頼っている中で、さらに魚粉の国際価格の暴騰に苦しんでいて、衰退の危機に瀕しているのです。

一方で、ノルウェー漁業のコンセプトは「高くても、消費者が安心して買えるものを獲る」です。個々の漁業者が漁獲してよい量を制限するシステムにすることで、できるだけ高価で売れる成長した魚しか獲らなくなりました。そのために、網の目を大きくして、小さな魚は掛かりにくくしたのです。そうすることで、産卵のできる魚が海に増え、かつ価格も安定して収入も安定する、そして何よりも消費者に脂ののったおいしい魚を提供することに成功したのです。

養殖物も同じです。ノルウェーサーモンはブランド化されており、今や天然ものよりも高価で取引されるくらいです。徹底的に水質と栄養の管理を行ない、かつ抗生物質も使わずに安全な魚を提供することに注力しました。

結果として、安全な魚が食べたい世界中の消費者に、安全なサーモンを提供することに成功しました。こうした消費者目線に立ち、かつ安定的に収入の得られる仕組みをノルウェー漁業は確立しています。コンセプトとは、顧客に対する明確な特徴・本質であることの良い事例だと思います。

■藤巻百貨店――モノを超えたモノに出合える

そんなコンセプトを明確に打ち出した百貨店が、イーコマースで注目を浴びています。かつて百貨店のコンセプトといえば、駅に近く、食料品から家電まで何でもそろう便利な店でした。しかし、昨今の百貨店凋落の原因の一つとなっているのは、単なる高級衣料専門店になってしまったことでした。さらには、ZARAやユニクロなどのSPAモデルによるアパレルデフレも手伝って、市場のニーズから乖離《かいり》が起きていました。

そんな中、「モノを超えたモノに出合える」をコンセプトに、身につけるものにこだわりをもつミドル年代の男性、感性豊かな若者、男性への素敵なプレゼントを探す女性まで、幅広い層に逸品を提供しているのが、「藤巻百貨店」です。

元伊勢丹名物バイヤーの藤巻幸大氏がプロデュースし、その独自の感性と豊かな人脈を使いながら、「ほしい！」と思わせるような商品を集め、商品それぞれが持つストーリーを大切に伝えながら、百貨店で買い物をする楽しみを与えてくれるのです。

古くから鍛冶業の盛んな新潟県燕市と三条市の、高い技術で知られる爪切り職人の想いとプロのネイリストや医療関係者をつなぐストーリー、世界に冠たる最高級パシュミナショールブランドの背景にあるインドの伝統文化と職人技のストーリーなど、ワクワク感とともに商品を提供してくれています。まさに、商品と顧客の間をストーリーでつなぐというコンセプトを明確にしたモデルといえると思います。

Point 20
「本質」を見極め、全面に押し出そう！

2 ミッション&ビジョンとコンセプトをつなぐ

■自分たちがやらなければ誰がやる！

ミッション&ビジョンとコンセプトがしっかりとつながっていることがとても大切になります。ビジネスモデル・デザインマップにおいても、バリューとポジショニングがつながっていることを意識してほしいのです。

コンセプトのある企業には、共通して使命感があります。強烈な問題意識や目的意識が時を超えて、世界中に広がっていきます。そのベースには、「当事者意識（自分たちがやらなければ誰がやる？）」という使命感があります。

バングラデシュのグラミン銀行も企業の価値から本質が見える良い例です。ムハマド・ユヌス氏が創設し、ノーベル平和賞に輝いたことでも知られるマイクロクレジット（小口融資）銀行です。

そのビジネスモデルは、搾取されている農村の貧しい女性たちに、原料を仕入れるための資金を小口で融資するもので、融資金額は平均で一五〇ドルです。この融資を、村内での五人一組の連帯責任制で提供したところ、二〇〇九年時点で、借り手は七八〇万人を超え、その九七％が女性という実績を残しています。

その存在意義は、「Banking for the poor」なのです。貧困なき世界を目指して日々戦った結果、グラミン銀行には、世界中のトップバンカーたちがグラミン詣《もう》でを繰り返すようになったのです。

なぜでしょうか？　それは、ほとんどの大銀行では見えにくくなってしまっている、大切なバンカーの魂があったからなのです。
・バンカーたちの抱く「本質」と「使命」
・バンカーを夢見たあの日に抱いていた熱き「志」
これらを、お客様との取引を通じて見事に実践して、貧しい農民の生活や、バングラデシュの人々の人生に変化をもたらしたのです。

コンセプチュアルな企業たちは、ただひたすらに事業の本質を追求し続けて、時にミッションに立ち返りながら、当たり前のようにあるべき姿に向かい、やるべきことをやり続けているのです。

■目的、実現性、ウォンツ創出をつなげる

ここからは、より具体的にビジネスコンセプト策定のプロセスを見ていきましょう。ビジネスモデルを考えるうえでの失敗は、どのような目的で、どのようなターゲットに価値を届けるのか、その設定の甘さによるところが大きいのです。

まずは目的を明確にすることです。何のためにそのビジネスが必要なのかを、常に思考し、イメージしておくことが重要です。これは先にお伝えした企業の価値、事業の価値につながっていきます。

そして、実現性とウォンツをつなげながら、コンセプトを策定していきます。いわば、コンセプト開発のプロセスチャートだと思ってください。

その手法は四つで構成されています。

①要素を整理すること
②顧客視点で考えること
③熟成させること、仮説を検証すること
④「これだ！」というひと言に絞り込むこと

コンセプトの構築４つのプロセス

要素の整理	特徴を見出すための社内外の動向から見られる客観的要素を出す
顧客視点	特徴を仮説化するための、市場の利用シーンから見られるベネフィットを検討する
本質熟成	特徴を絞り込むための、仮説を検証する
ひと言への凝縮	特徴をひと言で表現する

仮説策定→検証→仮説精緻化→本質の掘削

■客観と主観をバランスさせる

詳しくは、一つひとつをポイントとしてこの後お伝えするので、ここでは概要だけにしておきます。

①要素を整理することとは、コンセプト策定のための情報の整理です。PEST分析、3C（4C）分析、4P分析、PPM（プロダクト・ポートフォリオ・マトリックス）分析、コア・コンピタンス分析、SWOT分析などの、ビジネスフレームがこれに当たります。商品コンセプトであれば、価格帯、ターゲット、原材料などの項目になります。

②顧客視点で考えることとは、お客様にとってのベネフィットやシーン、プロファイリングなど、具体的な利用シーンを想定しながら、お客様が感じる満足や価値を考えていき、ウォンツ（「こういったものがほしかった！」と思わせるもの）を創出するプロセスです。

③熟成させること、仮説を検証することとは、ここまでのプロセスで絞り込み、仮説化したコンセプトをそこで決め打ちせずに、もう一度ゼロベースで検証してから、

コンセプトの構築の狙いと絞り込みの視点

ポイント	狙い	カテゴリー	絞り込みの視点
要素の整理	＊コンセプトの体系的な要件に対する意志ある絞り込みを行なう	問題意識	・そのテーマを考える視点は？ ・何が大切なのか？
		目的意識	・どのような方向性にすべきなのか？ ・分析からの「したい」「できる」「すべき」は？
顧客視点	＊顧客の視点・立場から提供するべき価値の絞り込みを行なう	シーン	・「誰が」「誰と」「何を」？ ・どのようなこだわりのある付き合い方？
		ベネフィット	・何を欲求するのか、なぜか？ ・何をどのように顧客に提供するのか？
本質熟成	＊上記の要素を熟成させ、いくつかの選択肢（オプション）を設定する	熟成	・拡散＆転換＆衝突させると？ ・よく熟成させた本質か？
		選択肢（オプション）	・達成したいゴールは？ ・目標の達成に求められる要素は？
ひと言への凝縮	＊コンセプトのオプションから、最も妥当なものを選び、決定的なひと言への練り直しを行なう	オプション評価	・差別優位性、ウォンツ発掘での評価は？ ・最適なオプションは？
		決定されたコンセプトの精緻化	・評価でのマイナスはないか？ ・実際の展開～活用を想定すると？

さらに寝かせて、熟成させて、発酵させてオプション化することです。「これだ！」というひと言に絞り込むことは、コンセプト＝本質を見極めることそのものです。絞り込まれたコンセプトは、一つの単語でもよいですし、複数の言葉の一文でもよいでしょう。さらには、ビジュアルであっても、音であってもよく、伝わるものであれば、形は何でもよいのです。

■キリンビール――四つのプロセス

「キリンフリー」の例でコンセプト策定の四つのプロセスを見てみましょう。

①飲酒運転による事故を根絶させるために。道路交通法改正に対応するために。飲みたいけど、その後に運転したいドライバーの方々へ。
②ビールが飲みたい。が、その後に車を運転しなければならない。……でも、飲みたい。子育て中なので、どうしても子供の発熱など急な対応が必要になる母親。家族でドライブしていて、天気が良いので、どうしても一杯飲みたい父親。
③ドライブ中に飲みたい方はどのくらいいるのだろうか？　子育て中に急に運転を

する必要のある方はどのくらいいるのだろうか？　ビールのアルコールをゼロにするのか？　それとも、ビールテイストの飲料を新しく創るのがよいか？
④ひと言でいうと、飲酒運転の根絶に寄与し、社会に貢献する商品だ！

Point 21
ミッション＆ビジョンとコンセプトを重ねて思考しよう！

3 変化に対応せよ

■社内外の動向から見られる客観的要素を出す

本質や特徴を見出すために、社内外の客観的な情報を整理していくプロセスを説明します。前述したように、分析ツールを使いながら、世の中のマクロ的な動向や業界の動向、社内の動向を整理していきましょう。

さらには、生活者の欲求がどのように変化しているのか、モノに満たされたいのか、より良い生活を望んでいるのか、自分だけの特別な商品やサービスを欲しているのか、はたまた自分だけでなく、社会をより良くしていきたいと考えているのか、実際に価値を提供する人の環境や意識も整理することが必要です。

前提としてまずは、ビジネスコンセプトを考えるうえで、自分自身の問題意識と目的意識を整理することから始めましょう。そもそも意識とは、「自分でわかる心の働き」のことで、自分が今どのような状況なのか、自分は何をしているのか、それがどういう意味を持つのか、を客観的に捉えることです。

問題や目的を自分自身で把握しようとすることから、本質が生まれてきます。

私たちは、環境の変化の中で生活をしています。それと同様に、ビジネスモデルも世の中の環境の変化の中に存在し、価値を見出されています。つまり、変化への対応、変化の創造にこそ、ビジネスモデルの存在意義があるのです。

ビジネスモデルを構築するためのビジネスコンセプトを考えるにも、まずは環境の変化を捉えて、構造化していく必要があります。

環境の変化といっても、大きさによって段階があります。

それは、マクロ環境、市場環境・業界環境、そして、社内環境です。

マクロ環境とは、政治、経済、社会、技術、価値観、ライフスタイルといった私たちの企業活動がなかなか影響を与えられない大きな環境です。英会話やグローバルマインド研修などのビジネスは、経済のグローバル化によるものですし、PPS（Power Producer and Supplier〈特定規模電気事業〉）ビジネスは、福島第一原子力発電所事故を発端とした社会の変化によるものです。さらに男性向け化粧品ビジネスが増えているのは、価値観やライフスタイルの変化によるものだといえます。

次に、市場環境・業界環境の変化は、大きく分けると、業界構造の変化・顧客構造の変化・経営構造の変化に分けられます。

低価格化や生産拠点の国境を越えた移転、一対一マーケティングでの顧客の囲い込み、異業種からの市場参画など様々な変化が挙げられます。

最後に、社内環境の変化は、事業構造の変化や新規チャネルの開発、組織のスクラップ&ビルドなどなど、マクロ環境、市場環境・業界環境に近い項目が出てきます。

これらの環境の変化を捉え、整理し、一つひとつの分析から何が言えるのかを考え、まとめていくことで、より精緻なビジネスコンセプトの仮説が立てられるようになります。次頁の図で主要な戦略分析ツールを紹介しますので、活用してみてください。

戦略分析ツール

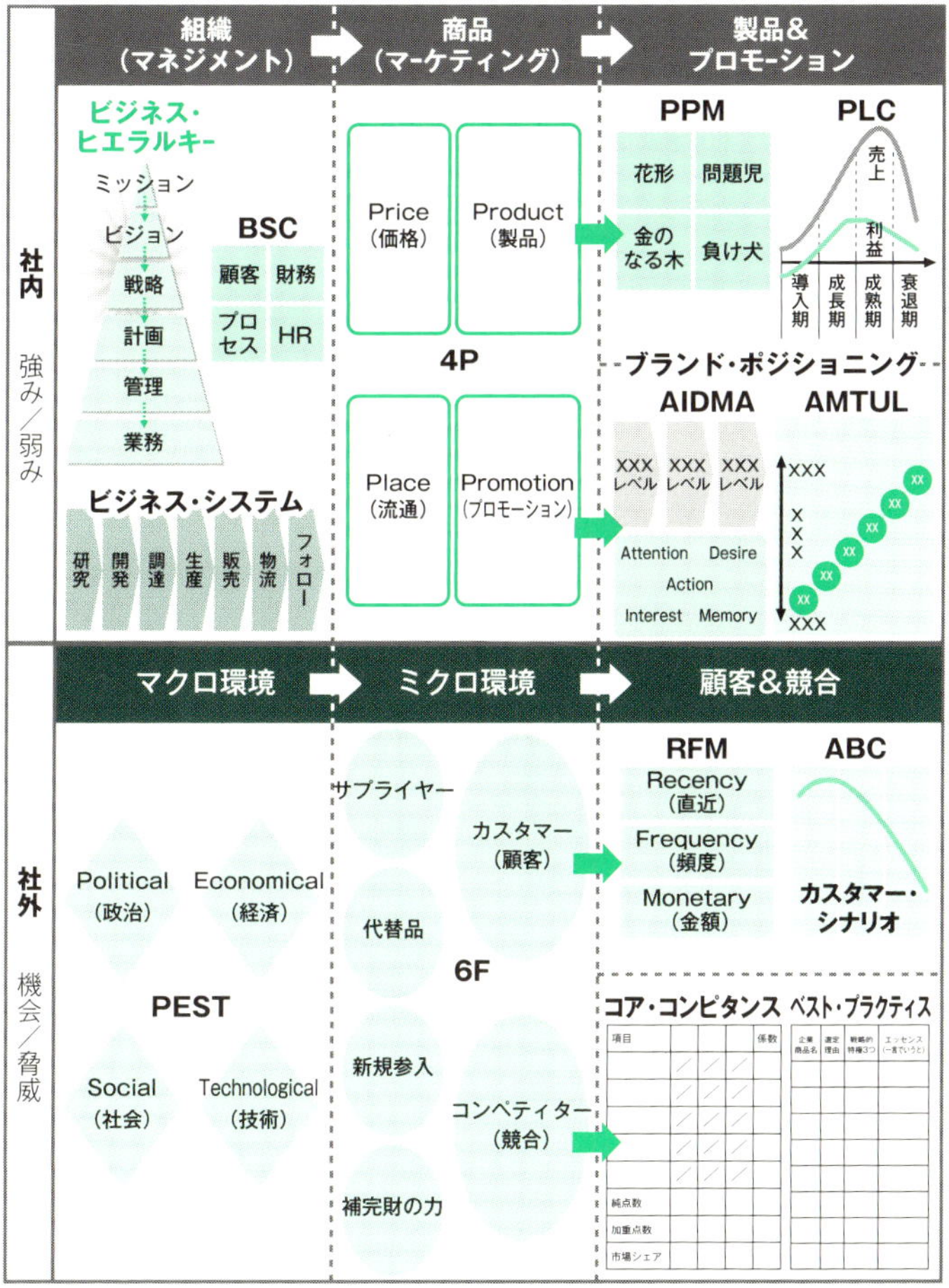
組織（マネジメント）
商品（マーケティング）
製品&プロモーション
社内
強み／弱み
ビジネス・ヒエラルキー
ミッション
ビジョン
戦略
計画
管理
業務
BSC
顧客
財務
プロセス
HR
ビジネス・システム
研究
開発
調達
生産
販売
物流
フォロー
Price（価格）
Product（製品）
4P
Place（流通）
Promotion（プロモーション）
PPM
花形
問題児
金のなる木
負け犬
PLC
売上
利益
導入期
成長期
成熟期
衰退期
ブランド・ポジショニング
AIDMA
XXX レベル
XXX レベル
XXX レベル
Attention
Desire
Action
Interest
Memory
AMTUL
XXX
XXX
XXX
社外
機会／脅威
マクロ環境
ミクロ環境
顧客&競合
Political（政治）
Economical（経済）
PEST
Social（社会）
Technological（技術）
サプライヤー
カスタマー（顧客）
代替品
6F
新規参入
コンペティター（競合）
補完財の力
RFM
Recency（直近）
Frequency（頻度）
Monetary（金額）
ABC
カスタマー・シナリオ
コア・コンピタンス
項目
係数
純点数
加重点数
市場シェア
ベスト・プラクティス

■多角的に情報を集めて方向性を導き出す

問題意識を持つためには、次のようなポイントが大切です。

①日ごろの圧倒的な情報収集。新聞、雑誌、書籍、インターネット上の情報、他人とのコミュニケーションで得る情報など。常にこれらの枠組みで情報をインプットして、継続して、更新していくことが必要です。量と継続なくして、問題意識の質は高まりません。

②情報検索のための目次を持つ。脳内に溜まった情報を検索し、つなぎ合わせて、掛け合わせることです。「『食品』『イノベーション』というキーワード、それであの人とあの人をつないで一緒に考えたら面白そう!」といった具合です。

③数字やデータを押さえる。数字や客観的なデータは納得性を高めます。変化の大きさがどれくらいなのか、速さはどれくらいなのか、どのくらいの人が困っているのかを定量的に客観的に押さえることです。これがないと問題の大きさが測れません。

④問題意識を交換する。他の人と問題意識を交換することで、お互いの問題意識を高めることができます。

これらのポイントから問題意識を高め、広げ、深めておく必要があります。

一方で、目的意識とは、どのような情報を取り出すかです。問題意識の方向付けをするのが目的意識で、そのポイントは三つです。

①「**したいこと**」を整理する。自分は問題に対してどうしたいのか？　企業としての志、使命は何か？　これらが特徴となり、個性を創り出します。ビジネスモデルを実行するためのモチベーションにもつながります。

②「**すべきこと**」を整理する。今、何が求められているのか？　どのような対応が必要なのか？　それらを棚卸しできていないと、結局は独りよがりのビジネスコンセプトになりかねません。

③「**できること**」を整理する。自分の能力や企業の規模、ドメイン、コア・コンピタンスなど、したいことの実現、すべきことへの対応の幅、深さが決まります。

この、できることの見極めが重要です。

これら「したいこと」「すべきこと」「できること」のバランス、重なりを重視して、問題意識からの方向性を導き出していきます。

■スワン――「したい」「すべき」「できる」

スワンベーカリーというパン屋さん。「ノーマライゼーション」をコンセプトに、「障がいのある人もない人も、共に働き、共に生きていく社会の実現」という理念を掲げ、小倉昌男氏がヤマト福祉財団とヤマトホールディングスとで一九九八年六月、銀座に一号店をオープンしました。

スワンベーカリーのビジネスモデルは、どのように創り上げられたのでしょうか。

日本には、障がい者の方が約七二四万人いるといわれています。問題意識はここです。その雇用先の大半は、共同作業所や小規模の授産施設で、一カ月の給料が一万円以下という現状です。自立をするには、ほど遠い現状です。そこに、障がい者雇用と自立という強い目的意識を持ちました。

福祉施設の経営を改善すればよいという考えを持つ一方で、経営のノウハウを伝授しなければならない現状を知り、一般の消費者を対象としたマーケット向けの「製品」創りを目指したセミナーを全国で開催し、意識改革に取り組んできたそうです。

そのプロセスの中で、「アンデルセン」や「リトルマーメイド」を運営しているタカキベーカリーの髙木誠一社長と出会い、障がい者の方でも焼けるパンを開発し、月給一〇万円以上支払えることも実証し、オープンに至りました。

現在、直営店三店舗、チェーン店は二四店舗を超え、北海道から九州まで、全国各地に展開しています。また、働いている障がい者の数は、全店で二八二名を超え、知的、精神、身体に障がいのある方を雇用し、その七割以上が知的障がい者の方たちです。

スワンベーカリーのホームページを見ると、スワンベーカリーの命名者は小倉昌男氏で、みにくいアヒルの子と思っていたら実は「白鳥＝スワン」だったというデンマークの童話作家アンデルセンの作品がヒントになっているとのことです。

スワンベーカリーの取り組みには、弊社も賛同していて、スワンベーカリーベトナムのオープンのお手伝いをしています。

Point 22

問題意識、目的意識を持ちながら、要素を整理しよう！

4 顧客視点＝シーン＋ベネフィット＋ウォンツ

■渋谷にあるこだわりの料理屋

次は、コンセプトを仮説化するために、具体的な利用シーンから見られる顧客のベネフィットを考え出すプロセスです。

東京の渋谷に「ぽつらぽつら」というこだわりの料理屋があります。海と畑の、その時期にしか味わえない食材を使い、旬を感じさせてくれるお店です。

コンセプトは「見える」です。

毎朝市場で鮮魚を仕入れ、野菜は契約農家である農園から届けてもらっています。ガラス張りの外観に、オープンキッチン、お店のスタッフが畑やワイナリーへ足を運び、安心を伝えられる食材やお酒を提供してくれます。「大事な人」と、「日ごろの会話をちょっと弾ませたいときに」「気が向いたときに」利用するシーンが見えてきます。

また、契約農家をはじめ、食材や陶器、お酒を提供してくれる人たちとのつながりが明確に見えるように、お店のスタッフが食材にしても、お酒にしても、器にしても詳しく説明してくれます。お店の人たちとの会話も楽しみながら、食事とお酒を味わえる、そんなベネフィットが提供されるお店です。

顧客視点での生活者のニーズが、生活者のウォンツを創出します。ニーズとは、顕在化された欲求のことで、ウォンツとは潜在化している欲求のことです。顧客の「こういうものがほしいのだけど」という期待に応えるレベルがニーズで、「こういうものがほしかったんだよ！」という期待を超えるレベルがウォンツです。

ニーズ対応では、顧客にとっての魅力たり得ません。大事なのはウォンツ対応のソリューションを導き出すことです。

■具体的に！　お客様の行動を想像する！

シーンとベネフィットの二つの枠組みで整理してみましょう。

隠れたウォンツを探り出す！

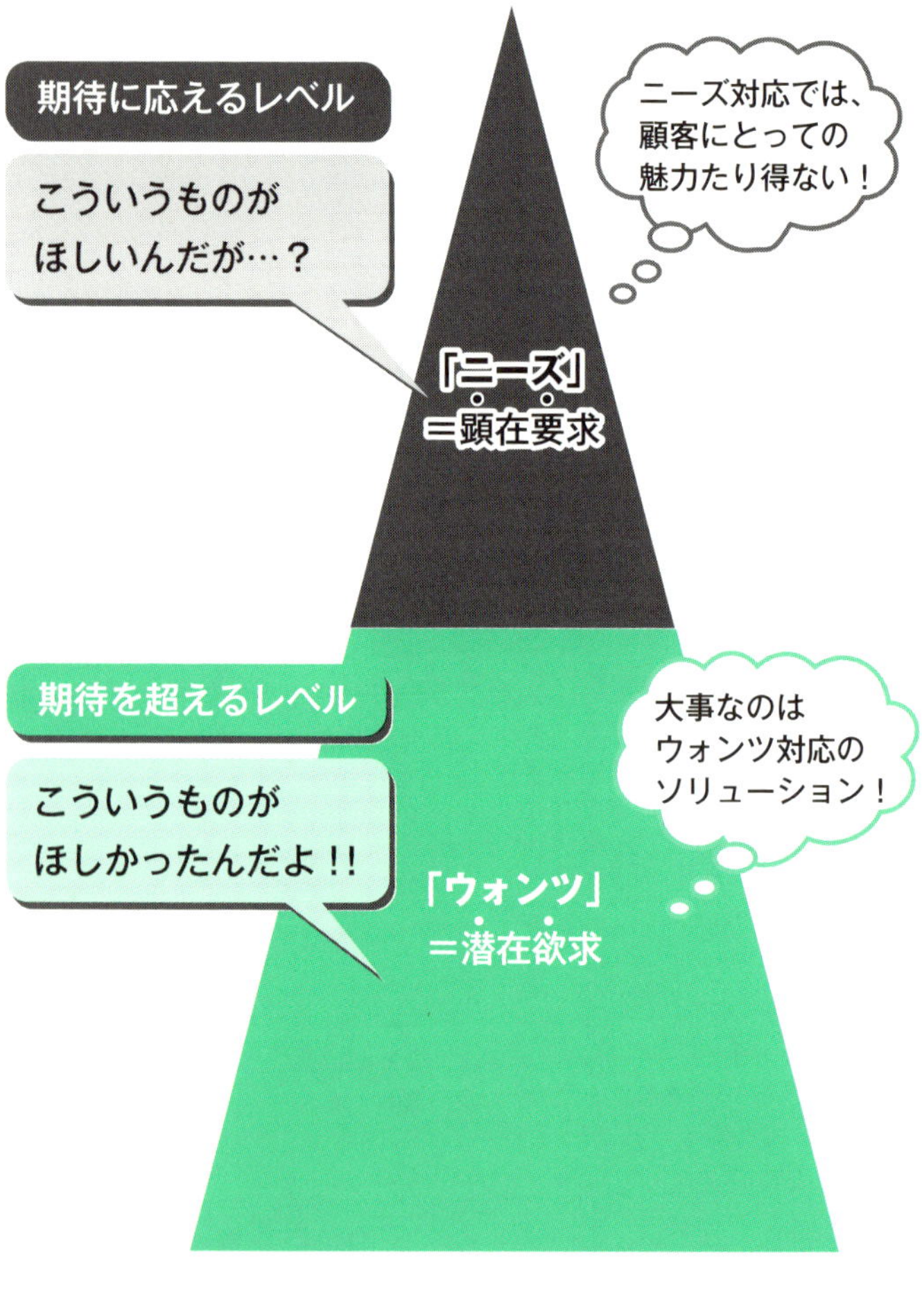
期待に応えるレベル
こうういうものが
ほしいんだが…？
「ニーズ」
＝顕在要求
ニーズ対応では、
顧客にとっての
魅力たり得ない！
期待を超えるレベル
こういうものが
ほしかったんだよ!!
「ウォンツ」
＝潜在欲求
大事なのは
ウォンツ対応の
ソリューション！

①顧客の具体的な利用シーンを演出するには、現地・現物・現場に即した、本質をえぐり出す必要があります。そのためには、「誰が？（誰と？）利用するのか？」「何のために利用するのか？」「いつ利用するのか？」「どこで利用するのか？」「どれを利用するのか？」「どのように利用するのか？」と5W1Hの枠組みで具体化させる必要があります。「自社ならでは」を追求することで、こだわりを実感してもらえます。

②ベネフィットは、「何が生まれたのか？」「なぜ生まれたのか？」「いかに生まれたのか？」の視点で整理します。どこでも誰でも提供できるベネフィットであれば、価格勝負になってしまいます。他社が提供できないような独自性のあるベネフィットで勝負する必要があります。顧客を巻き込むことで差別性や優位性が生まれてきます。

③ウォンツを見出すコツは、「シンボリックなお客様になりきること」「お客様と同じ生活をすること」「お客様の好きな雑誌を読むこと」「お客様になったつもりでインタビューに答えてみること」「実際のお客様にリサーチ（インタビュー）することと」です。価値を提供したい人や企業の立場になって、なりきることから、

潜在的な欲求を見つけてみてください。

■オイシックス――本当の利便性

オイシックスは、「食への関心の高まり」と「ECサイトの普及」を見事に絡ませて、消費者の日々のウォンツを創出しました。こだわり野菜をインターネットで販売して、健康志向、安全・安心を訴求している会社ですが、一般家庭に安全で安心な野菜を気軽に食べてほしいとの想いから、消費者の負担を軽減して提供しています。

それにより、農家の活性化も実現しています。ポイントは、消費者の当たり前を変えて、「確かに、こっちのほうが便利！」というウォンツを創り出したことです。

そのビジネスモデルの特徴は、品質重視の価値提供をしていることと、一回いくらの買い物ではなくて、年間購買がいくらか、その数が何人いるのか、ということを打ち出すことで、農家の方々の生産を計画的に後押しできる点です。

通常、インターネットでショッピングをしようとするときの消費者の思考は、「早く届くから」とか「パソコンやスマートフォンさえあれば手軽に購入できるから」と利便性に価値を見出しがちで、サービスを提供する側もそこに注目しがちです。

そのため、農産物を扱う際にネックとなる、生産にかかる時間とトレードオフの関係になってしまうわけです。そこをうまく転換して、インターネットの情報を生産者に届けて、品質重視の価値を消費者に提供することで、たとえば、今まで流通しなかった曲がった見かけの良くない野菜も販売できるわけです。

従来の「あらかじめ決められたセット購入が中心のスタイル」「入会金・年会費が必要」「宅配時間の指定は不可」ではなく、オイシックスの宅配サービスは、「お好きなときにお好きな量だけ、お客様の生活に合わせてご注文いただくスタイル」「入会金・年会費が一切無料」「土・日も含め、お届けする日時の指定が可能」と、こちらのほうが便利というウォンツを見事に引き出しました。

つまり、**「お金のいただき方を変える思考」**で成功したのです。

■アシックス――女性が走り出した！

「女性の『やりたい！』を実現する場」を提供して、ウォンツを引き出したのが、アシックスです。ご存じ、ランナーの聖地といえば、「皇居ラン」としても有名な、皇居外周の一周約5㎞のコースです。平日夕方には、ビジネスパーソンが仲間たちと走り、土日には老若男女問わず走っている姿が見られます。

この「皇居ラン」を本当の意味でのトレンドにした企業の一つが、アシックスでした。それまでも、皇居ランは有名でしたが、近くの銭湯くらいしか着替えの場がないし、慣れたランナーたちが走っているので、走りたくても、やってみたくても、女性にはなかなかもう一歩が踏み出せませんでした。

そんな女性たちの「運動は苦手だが、なんとなくランニングはしてみたい」「皇居ラン仲間がほしい」「もっと本格的に走りたい」というウォンツに対して、「仕事帰りの女性限定皇居ナイトラン指導」「最適なシューズを選ぶコンサルティング」「店内はロッカーとシャワーを完備」を提供しました。

「安心」「丈夫」「軽い」といったシューズの機能重視のコンセプトから、「走ってみたい初心者の女性がランニングを体験できる『場』を提供」するコンセプトに転換し、見事にトレンドを創り出していったわけです。これは、**「商品・サービスの届け方を変える思考」**の実践例といえるでしょう。

消費者のシーンとベネフィットを想定しながら、いかにウォンツを引き出すことができるか、ビジネスコンセプトを考える際にとても重要なポイントです。

Point 23

ターゲットに訴求するシーンを創り、ベネフィットを考えて、ウォンツを引き出そう！

5 コンセプトを熟成させる

■妥協案は考えるな

「コンセプトを熟成させる」とは、時間をぎゅっと凝縮させてもう一回立ち返ってみて、本質をさらに本質にしていくことです。今日の自分ではなく、数日後のリフレッシュした、また違う情報をインプットした自分が何を感じるのか、ゼロベースで考える意味でも、熟成期間は重要です。

そして、ここでポイントとなるのが、**実現性**です。いくら最高の熟成状態になっても、あまりにも高い障壁があり、実現が厳しいのでは問題です。ただし、実現性を検討するうえで、妥協策を考えるのではなく、どんな壁があって、それをクリアするための課題は何かを客観的に把握することが必要です。

ビジネスを実現するために、現状とどれだけの距離があるのかを測り、その距離を縮めるための策を考える。そして、対処すべきポイントを明確にします。そのために、ベスト・プラクティスを実施します。ぜひ、自分の業界だけでなく、その枠組みを超えて同じような壁を乗り越えた事例を探してみましょう。

本質的な情報が得られなければ、インタビューやアンケートで直接ターゲット層に聞いてみるのもよいでしょう。このように、一生懸命考えたら後はひらめくのを待つのではなく、思考を深めて、さらに時間をかけて熟成させて価値を高めることが、「コンセプト＝本質！」にするには必要なことなのです。

また、仮説検証で重要なのはオプション（選択肢）の設定です。意思決定が必要なとき、一つの案で、「これで本当にいいのか……」と悩むのではなく、仮説を複数出して徹底的に比較して考える方法を取ると、物事を客観的に決定しやすくなります。

人は、何かの対象について思考する際に、複数を比較検討すると、そのギャップが見えて、意思決定をするための要素を洗い出すことができ、客観的に考えやすくなります。友人とご飯を食べに行くときに、最初から「和食」と決めつけて話し合うのではなく、他と比較することで、「『イタリアン』と『中華』と『和食』だったら、どれがいいかな?」「イタリアンはピザとパスタとワインで、中華だったら四川系の辛い料理と紹興酒で、和食だったら、天ぷらとか煮物みたいな料理と日本酒で……」と意思決定をするための要素が出てきて、話しやすく、決めやすくなります。皆さんが進学先、就職先を決める際も、いきなり一つの学校、学部、企業に絞って決めずに、複数案から比較検討するはずです。オプションを設定する意味はそこにあります。

実際にビジネスコンセプトを仮説検証する際は、オプションに皆さんらしさ、皆さんの企業らしさを入れて、イメージしやすくするように心がけましょう。ビジネスは一人ではできません。**「らしさ」の注入は、周囲を巻き込み、ビジネスを推進していくための大きな原動力になるでしょう。**

■成功事例を探して、初めから決めつけないこと

熟成のポイントとオプション設定のポイントを分けて伝えます。

①とにかく現場の「生の声」を集めてくる。

②セグメント情報を、「多角的」に分析する。
③単純な属性セグメントではなく、価値観やライフスタイルなど「独自の軸」で検証する。
④同じ調査を繰り返し、「変化点」を捉える。
⑤顧客と本音で話せる「コミュニケーション・チャネル」を構築する。
⑥組織として「本気で取り組む」。

次に、オプションを設定する際のポイントを三つに分けて紹介します。

①達成したいゴールと目標を設定する。熟成段階の多角性、多様性、志向性の高さ、広がりなど新たに得られた情報も含めて、目標設定のベースにします。つまり、ここでもこれしかないというひらめきに頼らないことです。
②目標実現のためのオプションを設定する。オプションは三～五個がよいでしょう。二つでは「それだけ？」と感じられますし、六つ以上あると多すぎます。ポイントは、どのオプションでも本気で実現したいと思えること。かつ実現し得る

オプションである必要があります。

③時間軸を明確にすることです。時間軸は、ミッション&ビジョンであれば三〜五年、商品コンセプトでしたら一〜三年など、異なりますが、ビジネスモデルでは、三年くらいのスパンがよいでしょう。「三年後に自社がどのような企業になっているのか」「その中で事業がどこまで成長しているのか」「社会や市場、顧客からどのような評価を得ているのか」「どのような人たちとそれを実現しているのか」など、できるだけ具体的にイメージできるような目標を設定しましょう。

Point 24

仮説検証に「らしさ」を盛り込もう!

6 「離島」に込めた思いが人を動かす

■ひと言に凝縮されたメッセージはコンセプトそのもの

ひと言に凝縮されたメッセージには、人を動かす力があります。考え尽くして発する言葉には、その人らしさや想いが込められており、メッセージ性があるからです。そしてそれは、相手に対してだけでなく、考え尽くした自分を突き動かす言葉なのです。さらに、凝縮されたひと言は、その言葉だけでイメージを膨らませ、情景や、おいしさ、美しさなど五感を刺激するものです。

また、何かを絞り込むときに「らしさ」や「想い」はとても重要です。そして、「らしさ」は差別的優位度となり、「想い」は本質熟成度になるのです。ビジネスコンセプトは、深いレベルでお客様と共有できるメッセージです。それが、ビジネスモデルの「未来像」となります。想いと論理、主観と客観の両輪で、社会にどのような価値提供をするのか？　――その本質を考え出してください。

■自分らしさ、自社らしさ、そして想いを込める

メッセージをひと言に凝縮させるポイントを三つのプロセスで紹介します。

①コンセプトの評価

メッセージは前節のコンセプトオプションから選びます。項目は、「差別的優位

度」（「本当に違いが明確か？」と「本当に他より優れているか？」）と「本質熟成度」（「本当に本質の核心が凝縮されているか？」と「本当にコンセプトの良さが納得できるか？」）の二カテゴリー四項目です。この評価を踏まえて総合評価します。

②オプションの決定

一つに決定するのは非常に難しいのですが、このオプションからの決定がカギを握ります。一つを選んで他を見切るプロセスでは、意思決定力が試されます。

③コンセプトの研磨

選んだコンセプトをさらに磨き上げます。評価に基づいて、低かった項目に対して、どうしたら補えるか、研ぎ澄ますことができるか、精緻化を図りましょう。

明確で見切りのあるひと言に凝縮させたコンセプトは、失うものも大きいかもしれませんが、強烈なインパクトを持ち、人を動かし、より高く、大きなゴールへと向かうことができます。

■資生堂――日本の女性は美しい

「日本の女性は、もっときれいになれる」――資生堂のTSUBAKIのブランドコンセプトです。二一世紀に入り、アジアに世界の視線が集まり出し、日本が改めて見直されてきた中で、欧米人のモデルたちの注目が日本人の髪質に集まりました。

そこに注目したのが資生堂です。単に商品開発をするのではなく、新しい資生堂ブランドを創り上げたい、ヘアケアの枠を超えて「日本の女性は美しい」という社会的なメッセージを創出できないかという想いが凝縮されています。

美しい髪を手に入れた女性の表情が輝いていく様がイメージできるひと言です。

■離島経済新聞社――「らしさ」を発信する

「何かと何かをつなぐ」ことをコンセプトとした、離島経済新聞社（リトケイ）というメディアがあります。「離島を考えることは、日本を考えること」として、離島の多様な文化や暮らし、美しい自然、魅力的な人々や、素晴らしい産品を伝え続けています。日本は、六八五二島からなる群島で、その中に約四三〇の離島があります。これら一つひとつの島では埋もれてしまうかもしれませんが、小さな島々の人やモノやコトを有機的につなぎ、しっかりと伝えていくことで、島と島人の幸せを創り、離島の経済活性の一助となることを目的としています。

そんな彼らの「らしさ」は、「島の人や島を好きな人の想いを尊重すること」「島々の違いを尊重すること」です。新聞以外の活動では、離島の文化と若者のコラボレーションで新しい日本を創り出すコミュニティ「リトラボ」を開催し、新聞の記事を含め、リトケイの「らしさ」により意思決定がされ、そぐわないものは採用しない方針を取っています。世界の極東である日本の離島から、その小さな社会（リトルコミュニティ）から世界の課題解決を発信し続けています。

これらは**「顧客への伝え方を変える思考」**のモデルとして、とても良い事例になります。

Point 25
らしさ&想いで「これだ!」というひと言に絞り込もう!

コンセプトオプション評価

違うだけ、優れているだけではダメ！
違う、かつ優れているの掛け算で考える！

コピーのうまさに惑わされない。本質凝縮が大事

優れたコンセプトは「わかりやすい！」「なるほど！」と思わせる力強さがある

「○○コンセプト」
「△△コンセプト」
「××コンセプト」
というようにオプション・タイトルを入れても可

チェック項目と内容		コンセプトオプション		
		オプションA	オプションB	オプションC
差別的優位度	①差別度 (本当に違いが明確か？)	◎	○	△
	②優位度 (本当に他より優れているか？)	○	○	×
本質熟成度	①本質凝縮度 (本当に本質の核心が凝縮されているか？)	◎	△	○
	②納得度 (本当にコンセプトの良さが納得できるか？)	◎	×	○
コンセプト総合評価		◎	○	◎

総合評価でこれに決まり！
このコンセプトの「優位度」アップが精緻化のポイントになる

コンセプト表現に問題あり。「本質凝縮度」と「納得度」アップの可能性が低ければこのコンセプトはボツ

コンセプト表現はいいが、基本要件である「差別度」「優位度」を満たしていないのは致命的！ コピーライティングのうまさに惑わされないように！

「どこがいいのか？」「なぜいいのか？」「精緻化のポイントは？」を考えて評価シートを活用しよう！

Ⅳ

ビジネスモデルを動かす

1 ビジネスモデルをプランに落とし込む

1 ワクワク感を届ける

■新しい、楽しい、明るい未来を

これまでの章でビジネスモデルを構築するスキルをお伝えしてきました。最後の章は、それをしっかりと計画と実行に落とし込んでいくステップです。

ビジョンを掲げ、アイデアで新価値を見出し、バリューチェーンで仕組みを編成し、コンセプトで本質を見極める。まさに仕掛けと仕組みを創り上げるステップです。

ここからは、しっかりと意志を固め、「実現」させるためのステップになります。素晴らしいビジネスモデルが立案できたとしても、それが実行されなければ何の意味もありません。

弊社も大手化粧品会社のビジネスプラン策定のお手伝いを長年させていただいています。社長はメンバーに、「何が新しい？　何が楽しい？　何が喜ばしい？」という言葉をかけます。新しくて、皆がワクワクして、明るい未来をイメージできることが大切なのです。私たちコンサルタントもよく「新規性」「成長性」「実現可能性」という評価軸を用いますが、まさにワクワクするような未来を測る指標でもあります。

つまり、ビジネスプランとは、周囲をワクワクさせて動機を満たし、周囲や仲間たちとともに未来を描けることが大切になるのです。

きっかけは「こんなビジネスがやりたい！」という夢かもしれません。しかし、その夢をビジョンという形にし、ビジョンに実現性を吹き込むシナリオがビジネスプランなのです。言うまでもなく新しいビジネスを市場に送り出すためには、ビジネスモデルを中心にしたプランのよしあしが成功への足がかりになります。

では、ワクワクするビジネスプランとはどんな特徴を持っているのでしょうか。これからプランを策定するにあたって、ぜひ次のことを意識してみてください。

■ビジネスプランに心を入れる

①一発で、どんな事業なのか、どんな製品（商品・サービス）なのかが、よくわかる。

まずは、「何」でお客様や社会が価値を手に入れるのか。どんな仕掛けと仕組みがあるのかが話を聞いてすぐわかることです。「あれもこれも」「こんな風にあんな風に」と聞いていて混乱してしまうのはよくありません。**「なるほどね！」**、これが一番大事です。

②どんなターゲット、どんなシーンで喜ばれる（使われる）のかがよくわかる。

顧客の顔がイメージできて、そのサービスや商品を使っているシーンがすぐに頭に浮かんでくることが必要です。**「うれしいそれ！」**が大事。

③どれだけの市場規模を考えているのか、算定基準が明確によくわかる。

そして、本当に儲かるのかが手に取るようにわかること。それをほしがる顧客がどれくらいいるのかという、お金を出してくれる根拠が必要です。**「ほしい！」**が大事。

④ある部分だけ突出して細かいということがなく、全体感がよくわかる。

小さい部分だけの話ではなく、ビジネス全体としてうまく機能するのか。自社の独りよがりではなく、市場も顧客も競合も視野に入れたシナリオになっていることが必要です。儲けの構造が明確になっていて、循環しているイメージが持てること。「**モレがない！**」が大事。

⑤特徴・優位性がよくわかる。

これはコンセプトのことです。「つまりひと言でいうと？」の問いに「ズバリこれ！」と答えることができることが必要です。本質を突いたキラーメッセージが大切です。「**いいね！**」が大事。

⑥競合をしっかりと調べて、自社との立ち位置の違いがよくわかる。

競合の強み・弱みをしっかりと把握して、自社の優位性が明確化されていることが大切です。簡単にまねされない立ち位置がすぐにわかる必要があります。「**いける！**」が大事。

⑦市場調査をしっかりと行なって、環境や状況がよくわかる。

さらに、環境分析をしていて、事実を捉えていることが必要になります。思い込みではなくしっかりとしたロジックと客観性が大切になります。「**納得！**」が大事。

⑧ミッション&ビジョンを明確にして、「志」がよくわかる。

何のためにやるのか、どんな社会を創りたいのかの想いがしっかりと伝わってくることが大切です。そして、それは周囲の動機を満たしていることも必要になります。**「やるべき！」**が大事。

⑨戦略体系がしっかりしており、計画も具体的でよくわかる。勝ち方と進め方が細部まで整っていて、実現した際のゴールがイメージできることが必要。大きな軸とフォーカス&ディープが明確化されていること。**「勝てる！」**が大事。

⑩誰がどんな役割で進めていくのかという実現性がよくわかる。しっかりと個人に行動が落とし込まれていて、それぞれの動きの相乗効果で目的&目標への達成プロセスがイメージできることが必要です。みんなの気持ちと行動がつながることが大切です。**「できる！」**が大事。

⑪立案者の「何が何でもやり抜いてみせる」という意気込みがよくわかる。何があってもめげない、何があってもやりきるという強いリーダーシップが問われます。あなたが心から信じていることが大切です。**「やりたい！」**が大事。

⑫事業収支の算定基準が緻密に考えられていることがよくわかる。

継続して儲けを出せることが先回りで考えられていることが重要です。ざっくりのどんぶり勘定ではなく、内訳が何よりも大切です。内訳そのものに戦略が表れます。**「考え抜いている！」**が大事。

⑬リスクを先読みしていて、変化への対応策がよくわかる。

環境の変化は当たり前です。当たり前のことと捉え、そのときの対応もしっかりと複数案用意していることが重要です。不測の事態に襲われても冷静に適応できる先回り力が求められます。**「想定内！」**が大事。

⑭事業修正・撤退といった環境対応へのマイルストーンがよくわかる。

そして、事業の進み具合や環境とのつながりをウォッチするためのチェック機能を考えていることも、長きにわたってビジネスを発展させていくための重要なポイントです。だらだらと継続してしまう前にスパッと意思決定する仕組みが取られていることが重要になります。**「先回り！」**が大事。

これらのポイントをしっかりと踏まえて、周囲が熱を帯びた集団になるようにビジネスプランに息を吹き込んでいきましょう。

私たちＨＲインスティテュートは、これら一四のポイントを意識して、次頁の図のように五つのフェーズ、一〇のステップにビジネスプラン策定の手順をまとめています。

■東ハト──倒産からの復活劇

老舗の菓子メーカーの東ハトはバブル期にゴルフ場開発に手を染め、これが経営を圧迫、自主再建を断念し、二〇〇三年に倒産してしまいました。しかし、民事再生の中、ビジネスモデルを劇的に変革させ、キャラメルコーンのリニューアル、暴君ハバネロなどで大ヒットを連発、大復活を遂げています。

弱体化した体質を筋肉質に変化させ、Ｖ字回復をしたその背景には、まさに復活にかけたワクワクのビジネスプランニングがあったのです。

本業の菓子事業は堅調だったため、ゴルフ場関連事業と菓子事業を分離し、企業再生ファンドのユニゾン・キャピタルとバンダイ、丸紅などが出資する新会社に菓子事業を営業譲渡し、誕生したのが現在の「新生・東ハト」です。

ユニゾン・キャピタルで東ハトを担当していた木曽健一氏（当時三十六歳）が、当

ビジネスプラン策定10のステップ

フェーズ1 ビジネスモデル・コンセプトを決定する
- Step1 ビジネスモデルの背景・問題意識を明確にする
- Step2 ビジネスモデル・コンセプトを仮説化する

フェーズ2 仮説検証サイクルを回す
- Step3 コンセプトの仮説を検証する
- Step4 ベンチマーキング分析&ベスト・プラクティスを実施する
- Step5 ドメインを決定する

フェーズ3 戦略的目標としてのビジネス・ビジョンを設定する
- Step6 市場規模を算定する
- Step7 ビジネス・ビジョンを設定する

フェーズ4 ビジネス戦略を体系化し、そのプランをツリーで構築する
- Step8 ビジネス戦略体系を構築する
- Step9 ビジネス戦略をアクションに落とし込む

フェーズ5 事業収支／事業評価／ビジネス・リスクのシナリオを作成する
- Step10 事業収支と事業評価を想定する

面の間、社長として再建に当たることになりました。当初は倒産に戸惑う社員のモチベーションは最悪だったとのことです。そこで、彼は大胆な構造改革に乗り出します。

そのシナリオはこうでした。仕掛けとしては、幸いに売れ筋のキャラメルコーンという商品があったので、まずは顧客価値のおいしさに加えかわいさを追加しパッケージリニューアルに乗り出します。かわいいキャラクターに仕立てたお菓子を市場に投入しました。この仕掛けが大きく成功への切り口を創ります。

同時に社内外の仕組みの変革を推し進めます。まず、社内のモチベーションを上げるため、社員に掲げた約束は二つ。

①希望する者は全員、新会社に受け入れる。

②給料の現状維持を図る。

さらに、社員の気持ちを高めるために、自社の働き方を記した『お菓子を仕事にできる幸福』（株式会社東ハト編）というブランドブックを創ります。後には一般書籍化もされました。「ハトオトコ」という東ハトのキャラクターが登場し、社会に対する意義や仲間や仕事のことを一緒に考えていくという内容です。「組織ではなく、チームになろう」という言葉を大切にし、復活をかけて組織改革に乗り出します。この本の最後には社長のメッセージがあります。その中でも、私が注目した部分があります。

社員一人ひとりが自分で考え、判断する。同時に東ハトという「チーム」の一員として、チームワークを胸に抱き行動してくれる――。そうなるにはどうすればいいだろう？　いろいろ考えた末に気づきました。東ハトの仕事に参加しているみんなが共有できる価値観、バックボーンが必要なのではないか、と。

僕たちは自問自答しました。東ハトの仕事はなんだろうか？　お菓子をつくる仕事だ。お菓子をつくる仕事の意義は？　そのお菓子を食べるひとに喜んでもらえることだ。そして、お菓子をつくる当の私たちが誇りをもって働けることだ――、という具合に。

こうして東ハトの社員が共有できる価値観は、「ことば」としてかたちになっていきました。

社内の仕組みとしてのキラーは「人」と「ことば」だったのです。

さらに社外への仕組みも同時に走ります。新生東ハトを引っ張っていく力を外部に求めた木曽氏が打ち出したイノベーションは、元プロサッカー選手の中田英寿氏を執行役（ＣＢＯ〈最高ブランド責任者〉）にしたいと考えたところから始まります。

老舗の菓子メーカーとしては異端的な発想でした。周囲からは「そんな馬鹿な。受けてくれないよ……」とそんな声もあったようです。

しかし、木曽氏は「中田さんじゃなきゃダメなんだ！」と強くオファーします。その熱意に中田氏も賛同し、イノベーションは引き起こされました。先ほどのブランドブックの「あとがき」にはこんなメッセージがあります。

挑戦し続けるために

株式会社　東ハト　ＣＢＯ　中田　英寿

個人個人がプロであろうと努力することの大切さ。

そしてそんな個人が集まって、チームとして結束したときの強さ。

サッカーを通じて僕が身をもって学んだ事実は、企業の中でも変わりはないのだと思います。個人のプロ意識、チームとしての結束力、どちらが欠けても最終的な勝利は決して得られない。「チームで仕事をする」というのは、そういうものだと僕は考えています。

たしかに、目先の目標に向かって、ただただがむしゃらに突っ走るチームが、いっときの強さを発揮することはあります。

でも、本当に強いチームとは、そういった勢いだけでは乗り切れなくなったとき、「自分たちは、何のために戦っているんだろう?」「するべきことは、これでいいんだろうか?」そんなことが頭をよぎったときに、きちんとした、しかもシンプルな答え＝基礎を持っているチームなんだと思います。

「自分には迷ったら帰るべき場所がある。原点となるルールがある」

その確信があれば、どんなときにも安心してチャレンジすることができるはずです。

一人ひとりがそんな『ルールブック』を胸に仕事に体当たりしていったら、そして、そんな個人個人が集まってチームになったら、日本はもっともっと面白い国になるのではないでしょうか。

僕も、自分なりの『ルールブック』を持って、生きていきたいと思っています。

心に響く言葉で締めくくられ、優れたビジネスプランとは、周囲を巻き込み、ワクワク感を忘れずに未来を描いていくことなのだと教えてくれています。

Point 26

心躍るワクワク感がそのプランから伝わるようにしよう!

優れたビジネスプランチェックシート

常にプランをチェック！　ワクワクして周囲を動かせますか？

４段階評価
「４＝すごく良くできている」「３＝良くできている」「２＝あまり良くない」「１＝まったく良くない」

No.	チェック内容！	評価！
1	一発でどんな事業なのか、どんな製品（商品・サービス）なのかが、よくわかる。	④←③―②→①
2	どんなターゲットに対して、どんなシーンで喜ばれる（使われる）のかよくわかる。	④←③―②→①
3	どれだけの市場規模を考えているのか？算定基準が明確によくわかる。	④←③―②→①
4	ある部分だけ突出して細かいということがなく、全体感がよくわかる。	④←③―②→①
5	特徴・優位性がよくわかる。	④←③―②→①
6	競合をしっかりと調べて、自社との立ち位置の違いがよくわかる。	④←③―②→①
7	市場調査をしっかりと行なって、環境の状況がよくわかる。	④←③―②→①
8	ミッション＆ビジョンが明確であり、「志」がよくわかる。	④←③―②→①
9	戦略体系がしっかりしており、計画も具体的でよくわかる。	④←③―②→①
10	誰がどんな役割で進めていくのかという現実性がよくわかる。	④←③―②→①
11	立案者の「何が何でもやり抜いてみせる」という意気込みがよくわかる。	④←③―②→①
12	事業収支の算定基準が緻密に考えられていることがよくわかる。	④←③―②→①
13	リスクを先読みしていて、変化への対応策がよくわかる。	④←③―②→①
14	事業修正・撤退といった環境対応へのマイルストーンがよくわかる。	④←③―②→①

2 シナリオを描く五つのメリット

■不確実性が高い環境下では「計画」は不要!?

では、これだけ市場が激動している環境下で周囲を巻き込み、動かしていくためのプランをどのようにシナリオ化していくのかを考えていきましょう。

そもそも、不確実性が高い中、計画化すること自体が無意味という議論もあります。

もちろん、いざ進めてみると計画通りにいかないことは多々ありますが、「先回り」で思考を巡らすことで、不測の事態への対応力を高めることになることも確かなのです。

環境の変化に柔軟に素早く対応していくためには、組織としての「認識力」と「対応力」が求められます。

その適応できる柔軟性を組織が身につけるために、未来がどうなっていくのか、その未来がなぜ起きるのかを描くことによって、より早い意思決定を下すことができるようになるのです。

シナリオを描くことは五つのメリットをもたらしてくれます。

①意思決定の質が向上する。
②「考えるチカラ」が組織全体に広がる。
③組織が環境変化に素早く対応できるようになる。
④マネジメント力が強化される。
⑤リーダーシップを発揮するためのツールとして活用できる。
（参考：『シナリオ・プランニング』キース・ヴァン・デル・ハイデン著、グロービス監訳、西村行功訳〈ダイヤモンド社〉）

これらのメリットは「動けない組織」からの脱却を可能にしてくれます。「あいまいにわかったつもりでいる状態」を払拭してくれるのです。シナリオ化することで、不確実性が高い市場の中で「ビジネスモデル」が成功していくために、様々な未来の可能性を探ることになるのです。

■「計画主義」から「学習主義」へ

では、不確実な環境下でのビジネスプランはどのように立てていくべきなのでしょうか。経営学の視点から見ると、経営戦略論の論点は見過ごせません。大別すると、経営戦略論の研究者はコンテンツ派とプランニング派に分かれます。

コンテンツ派とは、勝ち方そのものを研究しています。戦略そのものといってよいでしょう。企業はどのような戦略を取っていくのが望ましいのかを研究しています。マイケル・ポーターが唱える競争戦略論もその一つです。

一方でプランニング派とは、事業の計画の立て方そのものに注目します。戦略や計画をどういうやり方で立てるのが望ましいのかを考えています。戦略そのものではなく、計画の立て方に焦点を合わせています。

「アンゾフの市場」で知られるイゴール・アンゾフはできるだけ緻密な事業計画を事前に立てるべきだと主張していました。いわゆる「計画主義」と呼ばれる発想です。

しかし、これだけ不確実性が高まってしまうと計画を立てること自体が困難になり、ビジネスもスタートできない状況になってしまいます。そこで、「計画主義」ではなく「学習主義」という概念が提唱されました。有名なのはヘンリー・ミンツバーグです。事業の目的や計画は実際にビジネスを進めていくうちに自然と形成されてくるという考え方です。

弊社も多くのベンチャー企業の立ち上げの支援をしていますが、最近はこの学習主義的発想の起業家が多いことに気がつきます。自分たちのアイデアや技術を使って、とにかくビジネスを始めたい。しかし、どのように進めていけばよいのかという具体的なスキルがない。そこで相談に来るのです。

もちろん私たちは、まずは「儲けの構造（仕掛けと仕組み）」を明確にしていきます。これまでのステップを踏んで山の頂上を創ります。そこから、実践のプランニングのステップに入りますが、ベンチャー企業の場合にはスタートアップ期に未来の予測を立てることが非常に難しいのです。しかも、調査ばかりに時間を取られていては、もし同じようなアイデアを持った競合がいたら、先に一手を打たれてしまいます。このせめぎ合いの中、市場で勝っていく必要に迫られるのです。

そうしたとき、私たちは、一定の計画ができた段階で動き始めてしまうことをすすめています。**「計画しつつも学習しながら成長していく道」**を取るやり方です。

これまで、ビジネス価値（投資とリターン）を評価する際に、将来的にキャッシュフロー合計からコスト合計を引いてもプラスになれば事業としてGO、逆にマイナスになるならばNGとするのが通例でした。

たとえば、皆さんが狙う市場が今後十年間は平均五％で成長推移すると見立てて、仮説を立て、ビジネスを計画したとします。しかし、将来のことは誰もわかりません。ですから収支シミュレーションをし、楽観シナリオで一〇％アップ、中間シナリオでは五％アップ、悲観シナリオでは三％として計算をし、それぞれに振れたときの対応策を事前に検討し、適切な準備をしましょうとやってきたわけです（もちろんもっと複雑な計算を用いますが、本書では学術的なことよりも実践的なことを扱いたいと思います）。

そして、この評価指標を用いた場合に将来的にコストが上回る結果が出てしまったら、採算性が悪くNGという判断になります。

この判断で考えると、先ほどの、市場がうまくいけば平均一〇％で成長する可能性もあるが、一％しか伸びない可能性も大いにあり得るとなった場合にもおそらくGOは出ないでしょう。ハイリスク（一％では大損）、ハイリターン（一〇％だったら大儲け）であり、リスクが高すぎるという判断になると思います。投資を一旦してしまったら後に引けなくなってしまうからです。

しかし、現状のように不確実性が高い状況下では、このような将来性の見立て自体がどんどん難しくなってきているのです。あまりにも不確実性が高く、新しいビジネスを考える際に「リスクが先に立つ」状態が増えすぎてしまったのです。ベンチャー企業であればまだしも、一定の規模を持つ企業であればあるほど、このリスクを恐れるあまり大胆な意思決定に歯止めがかかってしまいます。

■「後で決める」という選択

そんな環境下でのビジネスプランニングで注目を浴びているのが「リアル・オプション」という概念です。「不確実性が高い」けれども、「後に引けない意思決定」をしなくてはいけない状況の際に**「決定を先延ばしできる自由度を高める」**という威力を発揮します。先に何が起こるのかわからない状況でもどうしても意思決定をしなければならない場合、少しでも先延ばしできたら助かります。その間にもっと多くの情報を仕入れ、より良い意思決定ができるからです。

「空→雨→傘」のフレームを用いてたとえてみましょう。今度は「傘を購入する」という意思決定のプロセスに置き換えます。仮に皆さんが傘をどこかに置き忘れ、もうすでに雨が降っていたり、今にも雨が降りそうな空（雲）であれば、多少気に入っていない傘でもすぐに買うでしょう。すぐに必要になると予測できるからです。

ところが、もしも今良い天気で、当分の間、雨も降りそうにないときは、傘を買うのを先延ばしにするのではないでしょうか。今買う必要はないと思うからです。

そうすれば、じっくりと自分のほしい「傘」を選んで買うことが可能になります。

これが、予測が確実な場合に比べると、「不確実性が高い」場合は意思決定を待つことができるという良い例です。

さらに、一度購入した傘は返品できないという状況では、安価なビニール傘だったら簡単に買えますが、数万円もする高級な傘だったら、購入を控えてしまうかもしれません。高級な傘を買うには、色々と品定めをしたいものです。じっくりと考えて、情報を持ったうえで意思決定するほうが、より良いものが買えるという可能性が高まるからです。

この状況が、「後に引けない意思決定」は、待つことによってより良い決定ができるという良い例になります。

市場の話に戻すと、たとえば一億円の投資計画があり、スタートアップの三年間は投資の大きさを計画想定時の三割で事業をスタートさせ、時期が来た際に軌道に乗れそうだと確信すれば、残りの七割を増資するという意志決定ができます。

逆に、もしもうまくいっていないならば、撤退することもでき、まだ不透明であれば、そのまま継続させることもできます。しかも、三年経っているので、市場の情報も蓄積され、スタートアップ時よりも的確な判断材料がそろっています。さらに、もしも撤退となった場合でも、もともとの三割（約三〇〇〇万円）の損失で済むことになるのです。

もっというと、この段階的な投資ができれば、自分たちにとって都合の良いように動けるので、市場が変化を起こした際、そのチャンスを逃すことも少なくなるという点も挙げられます。この選択権の価値こそが、リアル・オプションの価値なのです。

3 リスクは最大のチャンスと捉えよう

■動きながら学ぶ

1、不透明な市場にはチャンスがある

先ほどの市場の例を用いてもう少し詳しく説明しましょう。

たとえば、先ほどの市場は十年間で平均五％予測。しかも、一〇％の可能性もあり、一％もあり得るとしましたが、これがもっと不確実性が高ければどうでしょう？

もしプラス三〇％の可能性もあり、マイナス二〇％もあり得るとしたらという状況の場合です。通常であれば、さらに不確実性が高まるので、手が出せません。

しかし、リアル・オプションの考えを持っていれば、逆にチャンスになるともいえるのです。なぜかというと、段階的に投資をしていくならば、市場の成長が一％しかなくとも、逆にマイナス二〇％でも投資の損失は同じ三割（約三〇〇〇万円）で済みます。

一方で、ビジネスを始めておけば、三〇％成長すれば、一〇％成長などよりも「儲け」は、格段に大きくなるのです。

つまり、この発想を持って考えていけば、不確実性が高ければ高いほどチャンスも大きくなるという発想に変えることができるのです。

2、ビジネスにも計画された偶発性は存在する

個人のキャリアを考えていく際に、有名な「計画された偶発性理論」（Planned Happenstance Theory）という理論があります。米スタンフォード大学のジョン・D・クランボルツ教授が提唱したキャリア理論ですが、個人のキャリア形成は予期せぬ偶発的な出来事に大きく影響され、その偶然に対して最善を尽くし、より積極的な対応を積み重ねることによって大きな成長ができるという考え方です。

これは、ビジネスにおいても同じことがいえると考えています。特に不確実性が高い市場の中では何が偶発的なチャンスになるかわかりません。

あのグーグルでさえ、当初のビジネスプランには現在の最大の収益源となっている広告シナリオは入っていませんでした。検索エンジンのアルゴリズムというコアモデ

ルがあったに過ぎません。当初は、ポータルサイトに検索エンジンを提供するシナリオでした。しかし、うまくいかなかった。そこで、検索エンジンと広告をビジネスにしている仕組み（オーバチュア）に出会い、今のグーグルになっているのです。

重要なのは、その偶然を避けるのではなく、最大限に活かすことなのです。

さらには、偶然の出来事を待つだけでなく、積極的に動き、周囲にアンテナを張りめぐらせ、偶然を意図的・計画的にチャンスに変えていくべきなのです。

これを実践するために必要な行動指針として、クランボルツ教授は次の五つを示しています。

(1)「**好奇心**」たえず新しい学習の機会を模索し続けること
(2)「**持続性**」失敗に屈せず、努力し続けること
(3)「**楽観性**」新しい機会は必ず実現する、可能になると、ポジティブに考えること
(4)「**柔軟性**」こだわりを捨て、信念、概念、態度、行動を変えること
(5)「**冒険心**」結果が不確実でも、リスクを取って行動を起こすこと

まさに、ビジネスも生き物です。このキャリア理論はビジネスプランニングにも大いに活用してほしいと思います。

3、リスクは見つつも恐れすぎない大胆さと緻密さを持つ

リアル・オプションの例からもわかるように、不確実性が高いときこそ最少のリスクを取りつつ、事業参入する価値は大いにあるということです。

改めて言いますが、将来のことは誰にもわからないのです。あくまでも仮説なのです。二秒先のことも厳密には誰にもわかりません。この世の誰が東日本大震災を予測できたのでしょう？　誰がアイルランドで「ジャガイモの疫病」が発生し、飢饉になることを予測できたでしょう。

リスクは、ある程度抑えることができるものと、まったく予測不可で抑えることができないものに分かれます。しかしながら、逆の視点から考えてみれば、リスクも仮説に過ぎないのです。

であるならば、リスクばかりを恐れて動けないでいるよりも、もっと積極的かつ大胆な行動で、どうすれば不確実性をより確実性のあるものにできるかを緻密に思考すべきなのだと考えます。

ぜひ、シナリオ化の際には、しっかりと想定できる不確実性を洗い出してくださ

い。あくまでも仮説は仮説です。しかし、その想定をしておくことによって、変化は当たり前であるという思考になり、柔軟に行動に移せるようになります。

リアル・オプションは厳密に考えていくと様々なシチュエーション分析が必要になります。しかし、リスクばかりに目を向けて、緻密すぎるほどの計画を立てるあまりアクションに移れないことへの警鐘を鳴らしてくれています。頭でっかちになりすぎて動かないよりも、動きながら学ぶほうがいいことも多いのです。

■NHN Japan――サッカー型の組織

「感動」と「喜び」を与えるサービスを提供したい――そんな想いを持って二〇〇九年に日本で立ち上がったのが、ネイバージャパン（現・NHN Japan）です。皆さんもよく知る無料通話アプリ「LINE」を提供する企業です。設立時から明確な開発テーマを掲げ、様々なサービスを展開しています。

「LINE」とはインターネットを通じて、無料で通話したり、コメントを送ったり、スタンプをやり取りできるサービスで二〇一三年には全世界で登録ユーザーが一億人を突破したビッグサービスです。サービス自体は二〇一一年六月に提供を開始し、現在二三一の国と地域で利用されており、サービス開始からたったの約一年七カ月で一億ユーザーを達成していることになります。

彼らはサービスもさることながら、そのビジネスプランについても注目を浴びています。なぜならば、彼らにはほとんど事業計画がないのです。

「計画を作ると、計画通りやろうとするので変化に弱くなる。制度やルールもなるべく作らない。そのほうが優秀な人は活躍できるからです。制度やルールがあると、優秀な人は堅苦しくなっちゃう。運用するのに時間がかかるし、ルールに沿って成功しようとするズルイ人が出る。どちらかというと、ダメな人を救う仕組みだと思っています。あくまで大事なことは結果を出すこと」（出典：「ＬＩＮＥは事業計画をほとんどつくらない」東洋経済オンライン、二〇一三年一月二十五日）

と彼らは考えます。

さらに、自分たちを「サッカー型」と言っています。動き方のルールを決めるよりもある程度自由にやらせて結果を見ながら次の判断をしていく。日本人はどちらかというと打順が決まっている「野球型」が得意だとも同社の社長は指摘しています。

まさに、ルールで縛り付けようとする企業とは一線を画し、新たな発想とスピードで新しい価値を市場に提供している良いケースだと思います。

Point 28

ビジネスプランのキャリアデザイン――計画化された偶発性はある！

2 シナリオとは物語を描くもの

1 歓喜と賞賛を勝ち取る

■変化を先回りする

ビジネスモデルは「価値創造と提供」の「物語」です。全体を構造として捉え、この構造がしっかりとしていることが重要であることは前述の通りです。

しかし、実際に市場に投入した場合には、市場も顧客も競合も、はたまた自社の資源も生き物のごとく変化し続けます。この変化を先回りして、市場顧客の歓喜と賞賛を勝ち取らなければなりません。まさに「物語」に「脚本」をつけて、観客を喜ばせる舞台や演劇にたとえるとわかりやすいでしょう。

たとえば、森光子氏の二〇〇〇回を超えるロングラン舞台「放浪記」。小説家・林芙美子氏の半生を描いた作品です。菊田一夫氏の手で舞台化され、三木のり平氏による改訂を経て多くの人に愛される往年の作となりました。古宿で執筆活動をしていた林芙美子氏が自作の雑誌掲載の決定を知らされて、大喜びで「でんぐり返し」をする様が有名だった舞台です。

森氏の女優人生は初めから恵まれたものではなかったようです。十代で時代劇の「お姫さま」としてデビューしましたが、そこではあまり売れず、軍の慰問に歌手として参加したりもしています。戦後、大阪で喜劇女優として活躍し始めた彼女に菊田一夫氏が上京をすすめ、彼が手がける舞台「放浪記」で初主演したときには、すでに四十歳を過ぎていました。森光子氏の有名な言葉があります。

「あいつより　うまいはずだが　なぜうれぬ」

彼女が下積み時代に書いた川柳です。二〇〇〇回以上も出演しながらも、一回一回の舞台では決して手を抜かず、本気で演じきる背景にはこの想いがあったのでしょう。その姿は圧巻だったに違いありません。

「放浪記」の舞台では、「でんぐり返し」があまりにも有名ですが、実際に舞台を見た人は皆、一つひとつの演出に心を奪われています。俳優のキャスティングはもちろん、照明、音楽、幕引き、舞台裏、セリフ等々、その舞台を創り上げている一つひとつが感動を創っています。そこに、コアの価値として、これまでずっと努力をし続けていた森光子氏の迫真の演技がさらに感動に拍車をかけるのです。

つまり、「放浪記」という「物語」に対して、菊田一夫氏や三木のり平氏の手によりシナリオが創られ、人気の舞台に仕立て上げられているのです。

日々変わる観客、年を重ねればまた環境の違う観客が押し寄せます。時代の流れとともに観客の心や状況も変わってくるはずです。その観客に対して、常に感動してもらい、何度でも見たいと思わせる秘訣は、やはり物語自体の軸は変えずに、柔軟に脚本（キャスティングやセリフや音楽など）を変化させ顧客の欲求に応じてきたことだと感じます。

ビジネスもまったく同じです。ビジネスモデルという「物語」をいかに市場顧客の変化に柔軟に対応させ感動を生み出すよう、シナリオ化していくのかがとても重要になるのです。

■顧客の心を揺さぶり、感情でも結びつく関係を築く

1、ビジネスモデルを届ける脚本を創る

舞台では、俳優や音楽や照明や舞台裏が構成要素になりますが、ビジネスの場合には誰がやるのか、いつの段階で消費者にコンタクトを取るのか、商品開発はいつから始めるのか、調査はどうするのか、組織構造にメスは入れるのかと様々な要素が含まれます。

様々な共演者にどのような役割を持ってもらうのか。市場にどんな舞台を創り上げていくのかを思考し、シナリオ化してみましょう。

そのために、一緒に舞台を創り上げるプレイヤーを洗い出してみましょう。

2、市場という舞台での演出を考える

演出を考える際には、プロデューサーの視点が参考になります。総合的な視点で全体の構造と細部に目を凝らす彼らは演出のプロであり、学ぶことが多くあります。

最適な人材と機材を用意し、的確に組み合わせていくことで最高のパフォーマンス

を完成させます。シナリオにもこの発想が非常に重要です。しかも、スーパープロデューサーはそこにいるプレイヤーと気持ちのよいコミュニケーションを取りながら演出を進めていきます。

ジャズ史に大きな足跡を残してきたブルーノート・レーベルは、一九三九年にニューヨークで誕生しました。多くの名盤で知られ、一九五〇、六〇年代、その輝きは素晴らしいものでした。当時のアルバムのほとんどは、ブルーノートのプロデューサーであったアルフレッド・ライオンのキャスティングによってメンバーが決定されていたそうです。

中山康樹氏の『超ブルーノート入門』（集英社新書）に、一九五六年十一月二十五日録音のハンク・モブレー・セクステットというアルバム（メンバーは、リー・モーガン、ドナルド・バード、ハンク・モブレー、ホレス・シルヴァー、ポール・チェンバース、チャーリー・パーシップの六人）に関する記述があります。

「これがライオンの典型的なレコーディング方法だ。まずミュージシャンの人選にあたる。（中略）その人選と楽器編成に見合ったオリジナル曲を用意させ、リハーサルをくり返し、本番に備える。ブルーノートのマジックは、こうして描かれた青写真にスタジオにおける予期せぬハプニングで彩りをほどこして生み出される。『仕組まれたもの』と『仕組まれざるもの』、それが高度なレヴェルにおいて融合されたなかにブルーノートの『永遠』がある」

感動を生み出すシナリオは、実力あるメンバーを上手に組み合わせることで初めて実現されます。即興性が刺激的なジャズも、その背景にはそれを企画し、人選し、リードしていくプロデューサーの視点があってこそ実現可能になるのです。

ビジネスの世界でもまったく同じことがいえるのではないでしょうか。

3、顧客からの共感を得る

素晴らしい舞台は、最後に客席からスタンディングオベーションが湧き起こります。ジャズも同じです。もともとの曲は「物語」ですが、それを演奏する人、プロデュース、会場の機材や音響によってまったく違う形でお客様に届きます。お客様が何に心惹かれて感動をするのか、拍手を贈りたくなるのかを考えていくことはとても重要です。

同じようなサービス、商品、技術を持っているにもかかわらず、市場に賞賛されない企業と賞賛される企業の大きな違いはここにあるのです。

顧客は感情を持っています。その感情を揺さぶることが賞賛を受けることにつながるのです。感情に結びつくシナリオには、必ず驚きと感動があるのです。

機能を届けるのではなく、機能によって顧客が最高に喜ぶモノを届ける。その仕組みを創るのがシナリオ構想なのです。

Point 29
顧客の心をつかむ演出を創ろう！

2 市場は人が創り上げるもの

■Ｒｅｄ Ｂｕｌｌ ＧｍｂＨ——シナリオの勝利

世界の一六四カ国で年間四〇億缶以上を売り上げる飲料、それがオーストリアの飲料メーカーＲｅｄ Ｂｕｌｌ ＧｍｂＨが販売している「レッドブル」です。

一九八四年創業でありながら、今、世界のエナジードリンク市場の四四％ものシェアを占めています。創業者のディートリッヒ・マテシッツ氏は大学卒業後Ｐ＆Ｇでマーケティング・ディレクターをしていました。そして、一九八二年に彼は日本の高所得者上位者を知らせる記事に目を留めたのでした。

そこに載っていたのは、日本で栄養ドリンクを広めた大正製薬の会長だったのです。さらにタイへ出張した際にもエナジードリンクが大流行していることを知った彼は、さっそく販売をスタートさせます。

オーストリアだけでは市場が小さいと考えた彼は欧米への進出を覚悟します。しかし、エナジードリンクという商標を製薬会社が持っていたために使用できず、初めはうまくいかなかったそうです。

そこで彼は新しいシナリオ展開をし始めます。ターゲットをナイトクラブと学生に絞り込み、彼らと徹底的につながるために口コミを利用した「バズマーケティング」で勝負に出ました。話題創りのために学生を雇い、レッドブルの大型缶を付けたミニクーパーを運転させて大学内を走り回り、無料サンプルを大量にばらまきました（皆さんも見たことがあると思います）。

そして、影響力のある学生を虜にしてさらなる拡大シナリオを仕組み始めます。特大缶を付けた車は、海岸、大学、スポーツジム、建築現場にまで現れ、「パワーエナジー」をチャージする必要がある人たちにサンプルを配りまくったのです。

さらに、もっともっと感情に訴えるシナリオを打ち出しました。エクストリームスポーツ（アクロバティックな競技で顧客の心を熱狂的にわしづかみにするスポーツ）のイベントに目を付けたのです。

驚異的なパフォーマンスをするアスリートが飲むレッドブル。そして、その興奮を一緒に味わうように、顧客に対して飲む喜びを演出したのです。

このようにして、イベントと一緒に熱狂的になれる場所を見つけてパワーエナジーを届ける仕組みを創り上げました。

レッドブルの素晴らしさは、次々と顧客の感情と製品のマッチングのポイントを押さえ、「超」が付くほど熱狂的にパワーエナジーを使う場所を創っていったことです。彼らは自ら舞台を創り、顧客自体を商品に惹きつける脚本を描き、演出のためのシナリオを展開していったのです。

製品が持つ「物語」から新市場創出の舞台を創り上げ、顧客が狂喜乱舞できる脚本を描きました。そのシナリオの演出で一気通貫でつながり、顧客の共鳴を生み出していることが、レッドブルが世界中で愛される所以だといえるでしょう。

■顧客の心をつかむもの

最後になりますが、顧客の心をつかむヒントは、ビジネスモデルのＷＨＹの中にあります。「なぜそのビジネスをするのか」――その背景に皆さんと顧客をつなげる糸があるのです。それは、前述したコンセプトにヒントがあります。

皆さんと顧客の「Ｗｉｌｌ（したい）」と「Ｍｕｓｔ（すべき）」と「Ｃａｎ（できる）」が共鳴したときこそ、一気に顧客との距離が近くなるのです。

この三つの重なりは、皆さんにとってビジネスビジョンのコアにもなります。自分が「したいと思える」、自らが「すべきと信じられる」、そして、自分でも「できると いう想い」です。この重なりの部分と、顧客から見た「あなたにやってほしい」と「あなたしかいない！」と「あなただからこそできる！」の三つの重なりの部分が、あなたと顧客の中でマッチングを起こしたとき、市場において、皆さんはなくてはならない存在になっていることだと思います。

ビジネスは結局のところ、市場を創り上げている一人ひとりの人間が創り出しているものです。天から降ってくるものでも、大地から生えてくるものでもありません。人と人とのつながりがすべてを創り出し、すべてを動かしているのです。「人間」という言葉は「人の間」と書きます。人と人の間をつなぐのが人間なのです。市場も顧客も競合でさえも、一人ひとりの人間が創り出している存在だと捉えてみると、見えていなかった隙間が見えてくるかもしれません。

ビジネスモデル思考とは、この人間のつながりと社会とのつながりを高く、広く、そして、深く思考していくことに他なりません。

今こそ、「三方良し」の精神を改めて見つめ直す必要があるのではないでしょうか。頭で緻密に考えつつも、心を揺さぶり、熱く、共鳴を引き起こし、行動が伴うシナリオを、ぜひ、描いていってください。

Point
30

なぜそのプランなのか？　ＷｉｌｌとＭｕｓｔとＣａｎがあるかを考えよう！

顧客と自社の Will & Must & Can の重なりがファンを生む

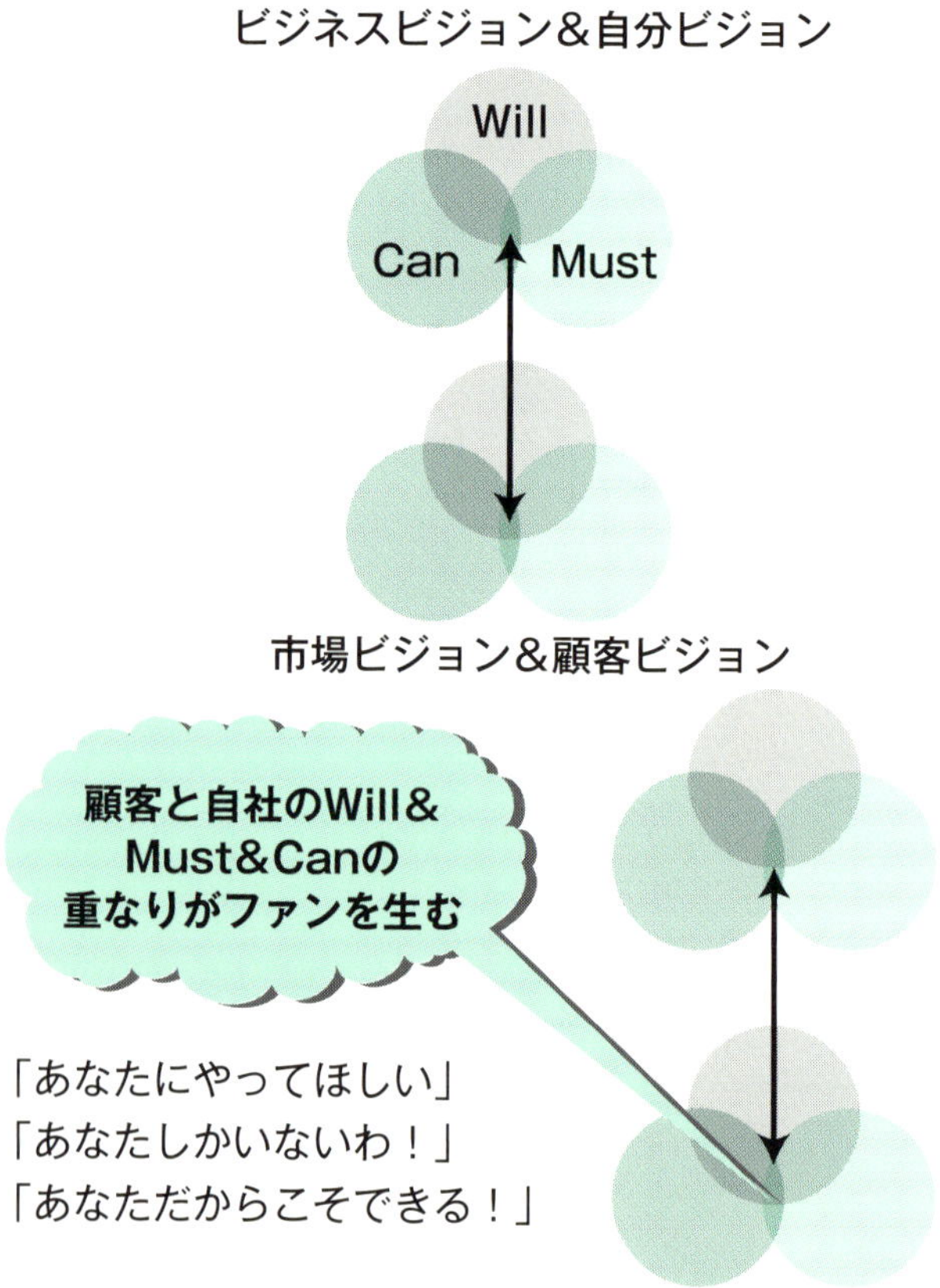
ビジネスビジョン&自分ビジョン
Will
Can
Must
市場ビジョン&顧客ビジョン
顧客と自社のWill&Must&Canの重なりがファンを生む
「あなたにやってほしい」
「あなたしかいないわ！」
「あなただからこそできる！」

〈執筆者プロフィール〉

狩野　尚史（かのう・なおし）Ⅰ＆Ⅳ担当

本書籍執筆＆編集リーダー。

主に「ビジネスモデル開発」「ビジネスプラン策定」「テクノロジーマーケティング」「商品＆ブランド開発」を中心としたワークアウト（プロセスコンサルティング）に従事。研修講師として、戦略シナリオ、戦略思考、イノベーションスキル、マーケティングスキル、ロジカルシンキング研修を多数実施し、長年にわたるリピート実績を多く持つ。人財の経営学習スタイルに重きを置いた研修実施で継続的な組織変革の支援を行なう。東京工業大学大学院 社会理工学研究科社会工学専攻博士課程 坂野研究室所属。内閣府認定NPO法人　ポートフォリオインテリジェンス副代表理事、常勤講師。中京大学経済学部講師を経て、神奈川大学工学部特別講義の講師も担当をしている。

サンティアーゴ　飯田　健太郎（さんてぃあーご・いいだ・けんたろう）Ⅱ-１担当

リサーチャー。

米国にて大学卒業後、ニューヨーク州にて起業。その後、アラブ首長国連邦の大手航空会社に入社。退職後、ＨＲインスティテュートに参画。現在は、海外事業、グローバル人財育成コンテンツの企画、開発、実施、人財育成トレーニングを担当している。

八島　熱典（やしま・あつのり）Ⅱ-２担当

コンサルタント。

中国の大学を卒業後、日系メーカーの中国法人に入社し、法人営業、技術、販売促進、社内外の育成に携わる。退社後、HRインスティテュートに参画。現在は、11年の中国経験を活かして中国ビジネス研修プログラム開発など、中国関連のコンサルティング・研修業務などを担当している。

清宮　ユミ（せいみや・ゆみ）Ⅲ-１担当

コンサルタント。

ロンドン大学教育研修所修士課程を経て、英語教材を活用した研修の営業、企画、運営に携わる。現在、米国人トレーナーとともに、国内における企業・社員のグローバル化を教育の観点から支援している。

東　耕平（ひがし・こうへい）Ⅲ-２担当

コンサルタント。

食品会社を経て、HRインスティテュートに参画。農業、食、登山を軸にしたLOHAS志向のコンサルタント。NPO法人の運営にも携わり、企業人、学生支援など幅広く活動している。中京大学経済学部でのビジネススキル講義の講師も担当している。

〈監修者紹介〉
野口　吉昭（のぐち・よしあき）
横浜国立大学工学部大学院工学研究科修了。現在、株式会社ＨＲインスティテュート（HRInstitute）の代表。中京大学経済学部・総合政策学部講師。ＮＰＯ法人「師範塾」副理事長。ＦＭヨコハマで「Yokohama Social Cafe」のＤＪも務める。
主な著書・編書に『遺伝子経営』（日本経済新聞社）、『戦略シナリオのノウハウ・ドゥハウ』『コンサルタントの「質問力」』『コンサルタントの「決断力」』（以上、ＰＨＰ研究所）、『チームリーダーに必要なたった１つの力』（かんき出版）など多数。

〈著者紹介〉
ＨＲインスティテュート
理論偏重ではない「使えるコンサルティング」「実効性のある研修」を柱としたコンサルティング・グループ。1993年設立。
具体的かつ即効性のあるコンサルティング、ワークアウト、研修（ノウドゥ）などのプログラムを展開し、多くの企業で採用され実績をあげている。
HP：http://www.hri-japan.co.jp
TEL：03-3423-3201
（本書籍を教材にしたトレーニング実施中！　お気軽にお問合わせ下さい。）

30ポイントで身につく！「ビジネスモデル思考」の技術

2013年６月６日　第１版第１刷発行

監修者　野口吉昭
著者　ＨＲインスティテュート
発行者　小林成彦
発行所　株式会社ＰＨＰ研究所
東京本部　〒102-8331　千代田区一番町21
書籍第一部　☎03-3239-6221（編集）
普及一部　☎03-3239-6233（販売）
京都本部　〒601-8411　京都市南区西九条北ノ内町11
PHP INTERFACE　http://www.php.co.jp/
組版　朝日メディアインターナショナル株式会社
印刷所　凸版印刷株式会社
製本所　凸版印刷株式会社

ISBN978-4-569-81187-1

PHPの本

30ポイントで身につく！「戦略シナリオ」の技術

野口吉昭 監修
HRインスティテュート 著

スピードの時代に求められるのは、他社が真似のできない「差別化された戦略の立案」と、それを瞬時に柔軟に「修正できる力」である。

定価一、四七〇円
（本体一、四〇〇円）
税五％